JN215290

# 新版 自治体の財政

## そもそもがわかる

初村尤而 著
Hatsumura Yuji

自治体研究社

## はしがき

　この本は、自治体財政をこれから学ぼうとする人や、もう少し詳しく学びたい人向けに書きました。

　私は 2009 年に自治体研究社から『そもそもがわかる自治体の財政』を発刊していただきました。本書はその続編でもあります。『そもそもが……』は何年か前に在庫がなくなり、出版担当の方からは新版を書かないかと何回か勧められました。しかし、生来の怠け癖に、勉強不足が加わってなかなかその気になりませんでした。ですから本書は、この 10 年間の自治体財政制度の変化を埋めるものでなければならないと思っています。しかし、とてもそんな能力はありませんが、心がけた点だけを申し上げたいと思います。

　第一に、普通交付税による財源措置というマジックのタネです。「三位一体の改革」以降目立つのは国庫負担金を廃止し、代わりに交付税措置するという手法です。とくに公立保育園の国庫負担金の廃止のときには、保育運動の課題となりました。また、新規事業を始める際に、国庫支出金ではなく地方交付税で措置するという方法も日常化しました。しかし、自治体の現場からは本当に財源が確保されているようには思えないという声が出ています。交付税の決まり方を学習する必要を痛感し、少し詳しく書きました。

　第二に、地方交付税の基準財政需要額の一部を自治体に借金させる臨時財政対策債（臨財債）について議論していただく材料を提供しました。元利償還金を 100％ 措置するというのがいつまで続くのかという危惧もあります。以前に大阪府内のある市長が臨財債発行そのものを財政危機の表れとしたことがありました。改めて臨財債を考えたいと思います。

第三に、さまざまな財政指標をどのように見るのかを私見も含め記しました。財政は数字の世界です。しかし、肝心なことは数字のすき間から、あるいは数字の背後に隠れた住民生活や地域の実態を読み取る感性をもつことが必要です。大げさにいうと財政を学ぶ人の哲学、人生観が問われていると思います。最近は高性能のパソコンソフトが複雑な計算やグラフ作成をしてくれ、そのために財政を数字の処理だと錯覚している人がいます。人間の世界が消え、私たちの感性が鈍り、思想まで歪んでいるのかもしれません。

　私は、自治体研究社の財政分析に関する本のなかで遠藤晃先生の『財政分析に強くなる』（1990 年、絶版）が異彩を放っていると思っています。遠藤先生は、「地方財政」という言い方は自治の思想がボケた言い方だといわれています。地方という概念は中央権力が私たちのものである地域を中央から眺めて名づけた言い方で、私たちが使うべき言葉は「自治体財政」だといわれています。正直いって私は遠藤先生の境地にはほど遠く、あちこちで「地方財政」を連発する未熟なものですが、それでも遠藤先生の本は今も私の座右の書です。

　第四に企業会計について基本的知識を書きました。もちろん以前から公営企業会計がありましたので目新しい制度ではありませんが、この 10 年あまりに自治体財政の世界にどっと広がってきました。地方財政健全化法の施行、公会計制度の導入などにより、貸借対照表や損益計算書といった企業会計の書類が読めないとどうしようもなくなってきました。一方で、事務事業の民営化が進み、委託先の企業や団体で使用されている企業会計が理解できないと、公共の立場から委託先業務をチェックできません。

　本書をスタート台にして、あなたのまちの財政を覗いてみようという気になっていただければ幸いです。

新版　そもそもがわかる自治体の財政　【目次】

# 第 1 章

# 私たちの暮らしと財政

## ここで学びたいこと

◇何となく馴染みの薄い自治体財政と、私たちの暮らしはどんな
　関係があるのか。

◇私たちが納めた税金はその使い方を誰がどのように決めるのか
　しくみを知ろう。

## 1　暮らしのなかの財政の働き

### 暮らしと財政

　私たち人間はこの地球のどこかで、さまざまな自然や社会的環境や
条件のなかで、それらと関わり合いながら生きています。食事をとっ
たり、子どもを育てたり、ご近所と駄弁ったり、映画を観たり、旅行
に行ったり、そして何よりも仕事をしたり……そうした営みを行って
います。私たちはそのために必要な財（物）・サービスを手に入れ、消
費することを毎日繰り返しています。

　では、私たちは、財・サービスをどのような方法で手に入れている
のでしょうか。

図1-1　市場経済と財政

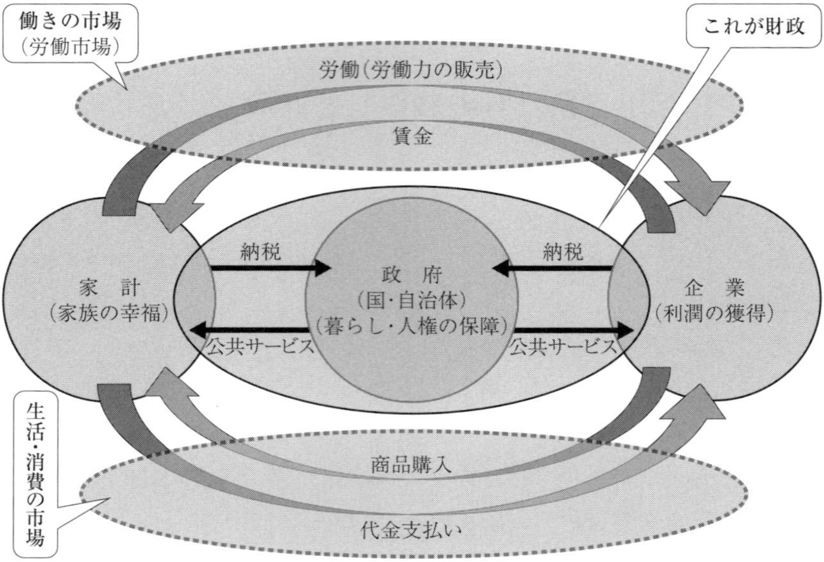

出所：筆者作成。

　図1-1を見てください。私たちの日常生活を、家計・企業・政府という経済活動を行う三つの主体を中心に、その関わりを記したイメージ図です。この図は、サラリーマンなど民間企業の労働者をモデルにしていますが、実際には多種多様な生活タイプがあり、それによって関わりが少し違ってきます。

　「**家計**」では、家族の誰かが企業で働き賃金を得ます（**図1-1**の上段「働きの市場（労働市場）」）。ここで手に入れた賃金で、「企業」が生産した生活財やサービス（商品）を購入し消費します（**図1-1**の下段「生活・消費の市場」）。家計内では、購入した食材を調理して食事をとりますが、調理など家計でも労働は無償で行われます。企業内労働とは違い、家計は家族の幸せを目的として行動しているからです。

神野直彦東京大学名誉教授はこれを協力原理に基づく「分かち合いの経済」とよび、働きの市場や生活・消費の市場を「競争原理にもとづく市場経済」とよんでいます。[*1]

「**企業**」は労働者を雇用し生産手段を使って商品やサービスを産み出します。それらを販売し利潤を獲得します。利潤の獲得が企業の目的です。企業の社会的責任（CSR：Corporate Social Responsibility）も大切ですが、それだけでは企業は成り立ちません。これは「良い悪い」ではなく、企業本来の行動原理にしたがっているのです。

ところが、**図 1 - 1** の中段には家計・企業の間に「政府」があります。政府とは国や自治体のことで、それらも経済活動を行う主体の一つです。政府の経済活動とはこうです。家計、企業の両方から「納税」という矢印が政府に向かっています。家計や企業は政府に対して税金を納め、必要に応じて、公共サービスが提供されるというわけです。この政府の経済活動が「財政」です。神野先生は財政を貨幣を使用する分かち合いの経済といっています。

## 財政って何ですか

財政について国語辞典『広辞苑（第 7 版)』（岩波書店）には二つの意味が書かれています。

①（finance）国または地方公共団体がその存立を維持し活動するために、必要な収入を獲得し、これを管理・経営する一切の作用

②団体・企業・家庭などの経済状態。金回り

二つ目の意味は、自治会やサークル、労働組合などの団体にある財政係のイメージですが、私たちが学ぼうとしているのは前者です。簡単にいうと、国や自治体が行う収入の獲得とその管理・経営ということです。

---

1　神野直彦『「分かち合い」の経済学』岩波新書、2010 年、16 ページ。

ただ、『広辞苑』は第7版で重要な変更をしたと私は思っています。第6版には「収入の取得のための権力作用」という文字が入っていました。第7版の説明は以前よりすっきりと分かりやすくなりましたが、第7版で収入の権力性が消え、説明は後退しています。財政の権力性は財政の本質に関わることです。

島恭彦先生（自治体問題研究所二代目理事長）が執筆された『経済学辞典』（岩波書店）には「財政とは国家や地方公共団体など権力団体の経済である」と明解に書かれています。財政とは、特別の権力を持った国や自治体が行う経済活動のことをいうわけです。

## 市場原理と財政原理

国や自治体が権力団体であるというのはどういう意味でしょうか。こんな例え話はどうでしょうか。

私は喉が渇いたのでコンビニエンスストアでペットボトルの水を買いました。1本108円でした、中途半端な値段ですが、内訳は100円が価格（水と容器代）で、8円は税金でした。日本のような資本主義経済の社会では、モノやサービスは商品として販売されていますが、その際商品は現金と等価交換されます。

100円の値打ちの商品は100円を払えば買うことができます。これが「商品経済の原理」「市場原理」です。ところが、1本100円のはずのペットボトルを買うために108円を払いました（図1-2）。これは不等価交換ではないか、と首をかしげます。

図1-2　100円のペットボトルが108円するワケ

108円＝100円＋8円
100円＝本体（水と容器代など）
　8円＝消費税
　　　→直接の反対給付見返りなし

その差 8 円が消費税という税金であることはみんな知っています。私も分かっています。しかし、8 円に相当するものを私はもらっていません。「タダ取り」されたような気がします。どうもここには商品経済の原理とは異なる原理が働いているようです。

### 税金は強制的にとられる？

考えて見るとおよそ税金と名の付くものはみんな同じで、例えば給料日に受け取る給料は、所得税や住民税が天引きされています。しかし、天引きされた税金に見合う「何か」を役所がもってきてくれるわけではありません。不当だといっても「納税の義務」だといって許してもらえません。

このように、税金には強制的に徴収され（**強制性**）、対価もない（**無償性**）といった性格があります。商品経済の原理と違う「財政の原理」が働いているといえます。税金を「社会の会費」だという人がいますが、それは違います。会費なら脱会すれば払わなくてすみますが、社会から脱会して税金を免れることはできません。政府や自治体が権力団体であるというのはそういう意味です。

なお、税金には**収入性**という性格もあります。税金は公共サービスを供給するための財源として調達されるという意味です。税金は強制的に徴収され、対価性がなく、その点で不当な取り方ですが、その使い道は公共サービスにしか使えません。公務員が私的に使うことは許されません。

## 2　税金の使い方はみんなで決める

税金はこのように無理矢理取られるだけなのというと決してそんなことはありません。税金は、政府、都道府県や市町村に集められます。

集まった税金は政府や自治体が行う公共サービス（義務教育や介護、福祉、ごみ収集など）の財源として使われ、回り回って私たちのところに戻ってきます。税金はその場では「直接の反対給付」（等価交換）はありませんが、もっと広く社会的に私たちの生活を支える形で還元されます。だから個人的に見ると、払った税金ほど公共サービスを受けていない人もいるかもしれませんが、逆により多くの公共サービスを受けることもあります。税金は社会全体がうまくいくように使われます。損得ではありません。

　それでは、この公共サービスの中身は誰が決めるのでしょうか。民主主義の国では税金は国民の共有財産ですから使い道は国民自身が決めなくては不合理です。自治体ならその地域の住民が決めます。住民の共同家計として、予算という形で住民から選ばれた議会が決めます。私たちが払った税金は、個別・直接の見返りはありませんが、間接的に迂回して社会全体のために予算という形で、総合的にパッケージされて私たちに還元されます。

## 財政民主主義

　政府と国民との関係を、統治する者とされる者と見立てますと、税の使い方をみんなで決めるということは、「統治される国民が、実は統治している政府の財布を統制」するわけで、これを**財政民主主義**といいます。日本国憲法第7章（第83条〜第91条）でその基本原理・理念が定められています。さらに自治体財政の基本については、地方自治法や地方財政法で決められています。

　財政民主主義には、①租税法律主義（租税とは税金のこと）、②決められたルールに基づく予算・決算制度、③住民決定・住民参画の三つの原則があります。

　第一の**租税法律主義**は、法律で決めないかぎり誰でも税金を徴収さ

れないという原則です。近代国家の役割の一つに私有財産権を守る（日本国憲法第 29 条）ことがあります。ところが一方で、私たちは納税の義務（同第 30 条）を負っています。課税は財産権を侵害する面があります。そこで、法律で両者を調整しようとするわけで、これが租税法律主義です。

[憲法第 84 条]
　「あらたに租税を課し、又は現行の租税を変更するには、
　法律又は法律の定める条例によることを必要とする」

　第二は**決められたルールに基づく予算・決算制度（財務制度）**です。税金などの収入（歳入）や使い方（歳出）は一定の財務制度に則って決めなくてはならないという原則です。予算の作り方、決め方、使い方、使った後のまとめ方などのルールが予算・決算制度です。
　財政民主主義の第三原則は**住民決定・住民参画の原則**です。日本では予算は首長が予算案を作り議会に提出します。議会は予算を審議し、是非を決めます。「良い」と議決されると、予算は執行できます。このように予算は最終的には住民の代表である議員が議会で決めます。これが住民決定の原則です。もちろん、住民決定の最終的な場は議会ですが、それだけでは不十分です。もっといろいろな参加・参画できる場が必要だと思います。議会の構成が必ずしも社会の実態を反映しているとはいえないからです。男女の比率、年齢構成、職業の割合など、住民構成が地域と議会とでは違いがありすぎます。ですから議会だけではなく、これを補完する意味でさまざまな住民参画制度が必要です。
　議会でものごとを決めることは決して簡単ではありません。議員の階層や利害関係に違いがあり、考え方もさまざまですから、うまくまとまるというわけにはいきません。さまざまな住民参画のチャンネル

をつくっておき、いろいろ異なった意見が反映されることが大切です。そして最終的には議会での議決によって、よりよい予算を作成することが大切です。いずれにしろ予算は、住民が決めるわけですからしっかりと議論したいものです。また、決めた後も住民自身がずっと監視し続けることが大切です。

### ここでのまとめ
◇税金は、商取引と違い直接の反対給付がない。しかし、集めた税金は公共サービスの財源として使われ、私たちのところに戻ってくる。

◇「統治される国民が統治する政府の財布を統制」することを財政民主主義という。予算・決算制度は財政民主主義の原則の一つである。

### 理解しよう、調べてみよう
◇あなたは、あなたのまちの財政についてどの程度関心をもっているか、改めて考えてみよう。

# 第2章

---

# 予算書、決算書を読んでみよう

## ここで学びたいこと
◇わがまちの財政は、予算書や決算書として住民に示される。これを見ることで、自治体がどんな仕事をしているのかわかる。
◇予算書や決算書は自治体が勝手に作っているのではなく、共通したルールで作られる。このルールを知ろう。

　決められたルールに基づく予算・決算制度は財政民主主義の原則の一つです。ここでは、予算の役割、予算原則、予算・決算の循環、予算書、決算書などについて見てゆきます。

## 1　予算の役割

　自治体財政の運営は予算に基づいて行われます。予算は一会計年度（4月1日〜翌年3月31日）中の収入と支出の計画で、自治体財政の要といえます。

　予算は、二つの顔を持っています。一つは予算書という書類の顔です。一年間の歳入と歳出を記した文書です。もう一つは本質的な顔で、自治体が実施する公共サービスの内容と規模を住民に約束し、その財

源として公権力である自治体が住民から強制的に税金を徴収する根拠を示しています。

予算の役割は二つあります[*1]。

一つは、財政民主主義的機能ないしは政治的機能です。予算は首長が施策の方向を住民に示す政策説明書であり、議会に対してその執行の承認を求める承諾要求書です（地方自治法第211条）。

もう一つは、財務統制機能ないし行政管理機能です。首長が一定の基準にしたがって予算を執行することを義務づけ、経費の流用や年度を超えた繰越使用を原則禁止しています（地方自治法第220条）。

ただし、以上の予算の役割は多くの例外が作られています。

### 予算の種類

本来予算は年間の歳入、歳出を残らず盛り込み通常予算に計上するのが理想ですが、年度途中にさまざまな事情が生じます。そのため、予算は対象となる経費、作られる時期の違い、性格の違いによってさまざまな種類が生じます。第5章にはさまざまな会計について解説しています。参考にしてください。

編成時期による違いでは、当初予算、補正予算に分かれます。当初予算は会計年度開始前に議決された予算のことをいい、補正予算は予算の調製後に生じた事由により、すでに決まった予算に追加・変更を加える予算のことです。

性格の違いによるものでは、暫定予算と本予算、骨格予算と肉づけ予算などがあります。暫定予算とは、さまざまな理由で年度開始前に当初予算が成立しないときにある期間を限って認められる予算で、当初予算（本予算）が成立されるまでのつなぎ予算となります。骨格予算は、議会や首長の選挙が目前に控えていたりしたときに、新規施策な

---

1　重森暁『入門　現代地方自治と地方財政』自治体研究社、2003年、214ページ。

どを計上せずに義務的経費など最低限の経費を計上する予算です。骨格予算で計上しなかった経費を含めた年間通しの予算を肉づけ予算といいます。

## 2 予算原則

予算は一定のきまりにそって作られます。これを予算原則といいます。6項目にまとめました。

> **総計予算主義の原則、単一予算主義の原則、**
> **会計年度独立の原則、予算限定の原則、**
> **予算事前議決の原則、予算公開の原則**

第一は**総計予算主義の原則**です。「一会計年度における一切の収入と支出は、すべて歳入歳出予算に計上しなくてはならない」(地方自治法第 210 条) という原則です。歳入とは自治体の収入のことをいい、歳出とは支出のことをいいます。

自治体の収入はすべて歳入予算に計上し、支出はすべて歳出予算に計上し、隠し金をつくってはいけません。

一例をあげます。最近、広報紙 (誌) に広告を掲載する自治体が増えてきました。広告収入が入り、印刷代などが少なくて済むからです。しかし会計処理のやり方は、歳入予算に広告収入を計上し、歳出予算に印刷費などの総額を計上するのであって、広告収入を差し引いた残額だけを歳出予算に計上してはいけません。

なぜこんな面倒なことするのかというと、収入したもの、支出したもの全部を予算経理上透明にし、自治体の全活動・全事業を住民に明らかにするためです。

例外として**一時借入金**があります。年度の途中で支払現金が足りなくなり、それを金融機関などから借り入れることがあります。これを年度内に返済するものを一時借入金といいます。総計予算主義の原則でいえば、歳入に「一時借入金」の額を、歳出には「一時借入金償還金＋利子」の額を計上しなくてはならないはずです。しかし、一時借入金の場合には歳入予算も歳出予算にも計上せず、利子だけを歳出予算に計上します。一時借入金は一時的な資金不足を補うもので、事業の支払い財源とならないからです。これと同じようなものに**基金の繰替運用**があります。

第二は**単一予算主義の原則**です。「一切の収入支出を単一の見積表にまとめ、予算の調製は一会計年度一回を適当」とする原則です。「予算は一つで、一回限り」の原則です。予算が複数に分かれていると、不適切な財政操作がされる可能性がありますし、たくさんの会計が1年間に何度も修正されると、予算の統一性を損ない自治体財政全体が見通せなくなり、住民にとって分かりづらくなります。「特別会計の濫設は予算の統一性を害し（自治省行政課編『改正地方自治法詳説』）、通覧を妨げ（金丸三郎『逐条精義地方自治法』）、濫費を招くおそれもある（杉村昭三郎『財政法（新版）』）」とされています。

しかし、この原則は実質的には形骸化していて、なきに等しい状態です。自治体の会計には多くの特別会計がありますし、年に何回も補正予算が作られています。この原則はもはや無意味とも思えますが、財政の教科書には必ず登場します。会計の基本は、分かりやすく、歳入と歳出を直結させないという財政の原則を大切にする思想が貫かれているからです。最近になって、地方財政健全化法や公会計制度に関連して「連結」という考えが出てきたのは、この原則が生きているからではないでしょうか。

第三は**会計年度独立の原則**です。「毎年4月1日から翌年3月31日ま

でを一会計年度とし、各会計年度の歳出は、その年度の歳入で賄う」
（地方自治法第208条）という原則です。支出を時間的に拘束する原則
です。

　会計年度独立の原則の例外として、翌年度歳入の繰上充用や継続費
の逓次繰越があります。翌年度歳入の繰上充用とは、会計年度終了後
に歳入が不足した（形式収支が赤字となった）場合に、翌年度の歳入
を繰り上げてその年度の歳入に充てることをいいます。繰上充用は出
納整理期間中に行わなくてはなりません。継続費の逓次繰越は23ペー
ジ、出納整理期間は30ページをご覧ください。

　会計年度独立の原則は単年度主義だと皮肉られたり、からかわれた
りします。年度末になると、必要のない事業を行って予算を使い切ろ
うとしているという批判です。その原因が会計年度を1年間にしてい
る単年度主義だというわけです。確かにその面もないとはいえません
が、「予算の使い切り」は、会計年度独立の原則によるものではなく、
財政運営の評価方法や予算の割り当てといった別の要因によるもので
はないでしょうか。会計年度を2年や3年にすると住民の監視の目が
行き届きにくくなります。

　第四は**予算限定の原則**です。会計年度独立の原則が、支出を時間的
に拘束するのに対して、これは予算額以上の支出や予算にない支出を
禁止する原則です。

　第五は**予算事前議決の原則**です（地方自治法第211条）。予算は会計
年度が始まるまでに議会で議決しておかなくてはならないという原則
です。これによって住民による統治を図ろうというわけです。この原
則の例外として、**予算の専決処分**があります。議会が成立しないとき
や議会が予算を議決しない時に首長が専決処分を行うことができます。
専決処分した場合、首長は次の議会において報告し、承認を求めなく
てはなりません。承認が否決された場合でも専決処分の効力に影響を

及ぼすことはありませんが、速やかに、必要と認める措置を講じるとともに、その旨を議会に報告しなければなりません。

第六は**予算公開の原則**です。住民の負担である歳入や、公共サービスとしての歳出、それに収支状況などは住民に公開しなくてはならないという原則です。議決された予算の要領を住民に公表すること（地方自治法第219条）や歳入歳出予算の執行状況、財産、地方債及び一時借入金の現在高その他財政状況を年2回以上住民に公表すること（地方自治法第243条の3）が首長に義務づけられています。ただ、公表の方法などは自治体に任せられているため、不十分なものや分かりづらいものも少なくありません。公開の回数や方法、分かりやすさなどは自治体の民主性の度合いを表します。

# 3　予算書

自治体の財政は、予算書で計画され、決算書でまとめられます。予算書や決算書は会計ごとに作られます。会計は一般会計とそれ以外の特別会計に分けられます。一般会計は、主として税収入を財源に、自治体の基本的な公共サービスを行うための会計です。特別会計は一般会計とは別に、それぞれの事業で得た収入をもとに、それぞれの事業を行います。会計については、本書の「第5章　さまざまな自治体財政」（111ページ以下）をご覧ください。

予算書には一会計年度の歳入と歳出の見積りが書かれ、これを見ればその自治体の公共サービスの量と方向が分かります。議会で議決される予算は具体的には次の7つです。議会に提出するときには、その他に「予算に関する説明書」を付けなくてはなりません。

［予算（地方自治法第 215 条）］

　　歳入歳出予算、継続費、繰越明許費、債務負担行為、

　　地方債、一時借入金、歳出予算の各項の経費の金額の流用

［予算に関する説明書（地方自治法第 211 条、同法施行令第 144 条）］

　　歳入歳出予算事項別明細書および給与費明細書、継続費に

　　関する調書、債務負担行為で翌年度以降にわたるものに関

　　する調書、地方債に関する調書、その他必要な調書


　**歳入歳出予算**は予算の中心です。地方税や使用料など住民が負担するものや地方交付税や国庫支出金など国から交付される財源などがどのようにして公共サービスとして「還元」するかを金額で表現しています。歳入歳出予算はそれぞれ「款」「項」に分類して書かれています。「款」は大分類、「項」はその下の中分類です。予算と同時に提出される**歳入歳出予算事項別明細書**（表 2 − 1）には、「項」の下に「目」（小分類）があり、さらに各「目」が「節」に細分類されています。

　このように予算は歳入歳出ともに 4 段階に分類されますが、議会で議決されるのは「款」「項」だけでこの二つを議決科目といいます。それに対して「目」と「節」は執行科目とよばれ、議会の議決の対象とはなりません。

　**継続費**（表 2 − 2）は、大規模な土木工事などのように完成までに 2 年度以上かかる事業などについて、経費総額と各年度の年割額を予算として確定するものです。会計年度独立の原則の例外です。

　**繰越明許費**は、事業に技術的に困難さがあることや用地取得の遅れなど、歳入歳出予算の成立後の事情のために年度内に支出が終わらない見込みになったときに、翌年度以降に繰り越して使えるように決めておくものです。ただし、遅れることがあらかじめ予想される場合に

表 2 - 1　歳入歳出予算

歳　出

（款）　10　教育費

　（項）　5　社会教育費

| 目 | 本 年 度 | 前 年 度 | 比　　較 | 本　年　度　の　財　源 | | |
|---|---|---|---|---|---|---|
| | | | | 特　定　財　源 | | |
| | | | | 国府支出金 | 地 方 債 | そ の 他 |
| 9　博物館費 | 94,980 | 110,128 | △ 15,148 | | | 1,124 |
| 10　生涯学習費 | 30,082 | 14,829 | 15,253 | | | 20 |

出所：「大阪府吹田市平成 30 年度一般会計歳入歳出予算事項別明細書」。

事項別明細書の一例

（単位：千円）

| 内　訳 | 節 | | 説　　明 | |
|---|---|---|---|---|
| 一般財源 | 区　　　分 | 金　　額 | | |
| | 19 負担金、補助及び交付金 | 3,692 | 文化財保存事業補助金ほか | |
| 93,856 | 1 報　　　　　酬 | 6,288 | 博物館長報酬、非常勤職員報酬、博物館協議会委員報酬 | |
| | 4 共　　済　　費 | 419 | 健康保険料等負担金<br>雇用保険料負担金<br>厚生年金保険料負担金<br>労働者災害補償保険料負担金 | 142<br>23<br>226<br>28 |
| | 7 賃　　　　　金 | 2,744 | 文化財調査員賃金ほか | |
| | 8 報　　償　　費 | 983 | 特別展講師謝礼金ほか | |
| | 9 旅　　　　　費 | 267 | 費用弁償<br>普通旅費<br>特別旅費 | 11<br>175<br>81 |
| | 11 需　　用　　費 | 15,926 | 消耗品等<br>印刷製本費<br>光熱水費<br>修繕料 | 2,142<br>3,042<br>9,342<br>1,400 |
| | 12 役　　務　　費 | 1,346 | 通信運搬費<br>保険料 | 1,302<br>44 |
| | 13 委　　託　　料 | 55,948 | 施設管理委託料、特別展運営委託料ほか | |
| | 14 使 用 料 及 び 賃 借 料 | 432 | 電算機器借上料、電子複写機借上料ほか | |
| | 15 工 事 請 負 費 | 10,367 | ３階土間タイル漏水等対策工事費 | |
| | 18 備 品 購 入 費 | 220 | 資料購入費 | |
| | 19 負担金、補助及び交付金 | 40 | 日本博物館協会負担金ほか | |
| 30,062 | 1 報　　　　　酬 | 5,211 | 非常勤職員報酬 | |
| | 4 共　　済　　費 | 1,146 | 健康保険料等負担金<br>雇用保険料負担金<br>厚生年金保険料負担金 | 418<br>64<br>664 |
| | 7 賃　　　　　金 | 1,760 | 臨時雇用員賃金 | |
| | 8 報　　償　　費 | 1,741 | 生涯学習吹田市民大学講師謝礼金ほか | |

表2−2　継続費と債務負担行為の予算書への計上の違い

第2表　継続費

| 款 | 項 | 事 業 名 | 総 額 | 年 度 | 年割額 |
|---|---|---|---|---|---|
| 10 教 育 費 | 5 社会教育費 | 安満遺跡整備事業 | 千円 1,700,000 | 平成 30 年度 | 千円 430,000 |
| | | | | 平成 31 年度 | 920,000 |
| | | | | 平成 32 年度 | 350,000 |

第3表　債務負担行為

| 事 項 | 期 間 | 限 度 額 |
|---|---|---|
| 窓口環境改善事業 | 自　平成 31 年　4 月　1 日<br>至　平成 31 年 12 月 28 日 | 70,000 千円 |
| 広報誌製作支援業務 | 自　平成 31 年　4 月　1 日<br>至　平成 31 年　6 月 30 日 | 3,000 千円 |
| 納税通知書等印刷及び<br>封入封緘事業 | 自　平成 30 年度<br>至　平成 31 年度 | 18,000 千円 |
| 大阪府議会議員選挙事<br>業 | 自　平成 31 年　4 月　1 日<br>至　平成 31 年　6 月 30 日 | 24,000 千円 |
| 高槻市長選挙及び市議<br>会議員選挙事業 | 自　平成 31 年　4 月　1 日<br>至　平成 31 年　6 月 30 日 | 54,000 千円 |
| 福祉医療システム導入<br>事業 | 自　平成 30 年度<br>至　平成 31 年度 | 100,000 千円 |
| 協同組合等資金融通損<br>失補償 | 自　平成 30 年度<br>至　平成 40 年度 | 金融機関が協同組合等に対し貸付を行ったことに<br>より損失を生じたとき、契約の限度額を 300,000<br>千円の範囲内とする損失補償 |
| 高槻クリーンセンター<br>運転管理事業 | 自　平成 31 年　4 月　1 日<br>至　平成 32 年　3 月 31 日 | 270,000 千円 |

出所:「平成 30 年度高槻市一般会計予算書」。

限られます。よくある例として、国が年度末に景気対策のために国の
補正予算で公共事業を決めた場合などに、自治体がそれを始めたとし
ても、年度内に終わらないことが予想される場合、繰越明許費として
議決しておきます。年度内に契約などの支出負担行為[*2]が終わっている
必要はありません。これも会計年度独立の原則の例外です。

　債務負担行為（表2−2）とは、物品の購入やリースなど後年度に財

---

2　支出負担行為とは、支出の意思決定を行うことです。具体的には、物品購入契約、工事請負
　契約、補助金の交付決定などです。予算執行の第一段階の行為です。

政負担が必ず発生することになる場合に、翌年度以降に首長が行うことができる債務負担（予算の先取り）の限度額を期間を限って決めておくものです。継続費と似ていますが、継続費は年度ごとの割合額がはっきりしているのに対し、債務負担行為は明確でありません。また、契約などの支出負担行為をその年度内に行う必要があります。

　土地開発公社が資金融資などを受けるときに自治体が債務保証しますが、これも債務負担行為を設定します。自治体が指定管理者に対して数年度にわたって拠出する支出金も債務負担行為を設定しなくてはなりません。ただ、「年度協定」のときは設定しないケースがあります。債務負担行為も会計年度独立の原則の例外です。

　**地方債**は返済が年度をまたがる債務（借金）です。「地方債を発行する」「起債する」などといいます。起債の目的、限度額、起債の方法、利率、償還の方法を決めます。

　**一時借入金**は、一時的な資金繰りのための借入れで、年度内に（出納整理期間を含む）償還する債務のことです。年度をまたがる債務は地方債となります。一時借入金は最高額を予算で決めておきます。総計予算主義の原則の例外です。

　最後に、**歳出予算の各項の経費の金額の流用**があります。歳入科目の項は議決科目ですから議会での議決なしには相互に流用できません。しかし、予算の執行上必要がある場合にかぎり、予算議決で決めておけば項については同じ款内で流用することが認められています。よくある例として、各項に計上した給料、職員手当、共済費に過不足が出た場合に、同じ款内で流用されます。

## 4　予算循環

　予算は「編成→議決→執行→決算」という形で循環します（**図2−**

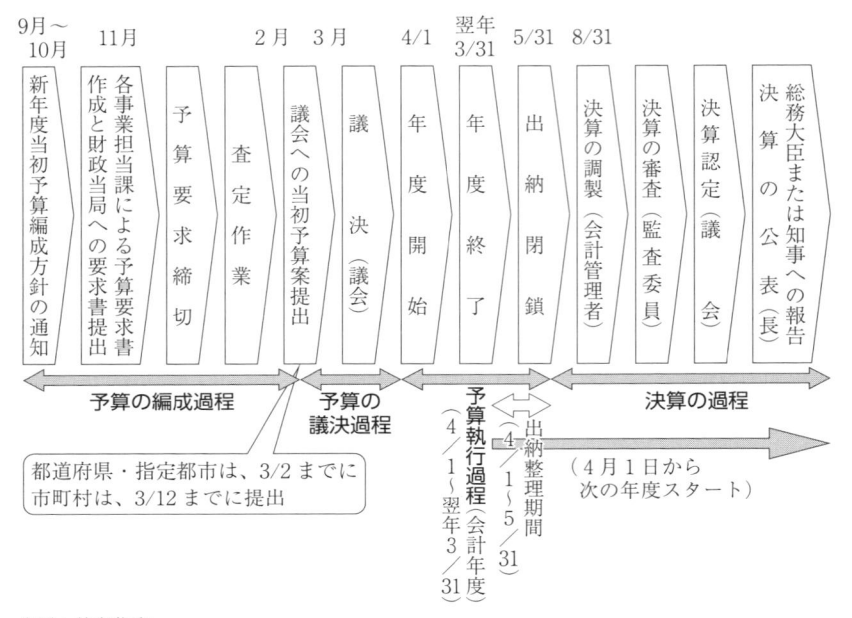

図2-1 予算の循環

9月〜10月：新年度当初予算編成方針の通知

11月：各事業担当課による予算要求書作成と財政当局への要求書提出

予算要求締切

査定作業

2月：議会への当初予算案提出

3月：議決（議会）

4/1：年度開始

翌年3/31：年度終了

5/31：出納閉鎖

8/31：決算の調製（会計管理者）

決算の審査（監査委員）

決算認定（議会）

総務大臣または知事への報告／決算の公表（長）

予算の編成過程

予算の議決過程

予算執行過程（会計年度／4／1〜翌年3／31）

出納整理期間（4／1〜5／31）

決算の過程

都道府県・指定都市は、3/2までに市町村は、3/12までに提出

（4月1日から次の年度スタート）

出所：筆者作成。

1）。予算の編成（**編成過程**）から始まり、編成された予算案は議会に提案されます。年度が始まる4月1日までに議会で議決（**議決過程**）され、その後、執行（**執行過程**）されます。翌年3月31日で会計年度が終了しますと歳入歳出が決算（**決算過程**）されます。

　予算編成過程は前年の9月、10月から財政担当課を中心に始まります。予算編成方針が作られ、事業担当課はこれに基づき予算要求書を作り財政担当課に提出します。これを受けて財政担当課は査定を行い、首長の最終査定を経て当初予算案ができます。予算は首長しか編成することができません。議会は、審議し、議決する権限を持っています。**表2-3**は大阪府堺市の場合です。最近、予算編成過程を公開する自治体が増えています。

表 2 - 3　堺市の予算編成の流れ

| 10 月下旬 | 予算編成方針決定 | 翌年度の予算編成での基本方針が市長より示されます。 |
|---|---|---|
| 11 月下旬 | 予算要求 | 予算編成方針に基づき、各部局が来年度の事業実施に必要な経費を積算し、財政課に要求調書を提出します。 |
| 1 月下旬 | 財政課長査定 | 財政課が、各部局からの要求内容について、翌年度の収入見積もりと照合しながら、必要性・緊急性などを検討します。その後、そのまま予算化するもの、規模を縮小して予算化するもの、予算化を見送るものなどの決定をします。 |
| 2 月初旬 | 財政局長査定 | 財政局長が、各部局からの要求内容について、そのまま予算化するもの、規模を縮小して予算化するもの、予算化を見送るものなどの決定をします。 |
| 2 月中旬 | 市長査定 | 市長が、各部局からの要求内容について、そのまま予算化するもの、規模を縮小して予算化するもの、予算化を見送るものなどの決定をし、予算案の最終決定をします。 |

出所：堺市ウェブサイト「平成 30 年度当初予算」。

　当初予算案は、都道府県と指定都市は年度開始 30 日前（具体的には 3 月 2 日）、その他の市町村は 20 日前（3 月 12 日）までに議会に提出しなくてはなりません。

　議会に提出されますと審議が始まります。常任委員会や予算特別委員会で審議し、その結果の意見をまとめ、本会議に送ります。予算案は本会議で議決されます。予算の議決には、①原案議決、②修正議決、③否決の 3 種類あります。原案議決は原案通り決定すること、否決は原案を全面的に否定する議決です。②の修正議決は原案を修正して議決するものです。否決されても議会には予算案をつくる権限がありませんから、市長が作り直すことになります。

　予算の組み替え動議が出されることがあります。動議は、首長が提出した予算を撤回した上で修正して再提出することを求めるもので、議決とは違います。

### 会計年度終了と出納整理期間

　予算が成立しますと、執行されます。

　執行された予算は翌年度3月31日で終わります。ただ、もし年度が終了しても前年度までに確定した債権・債務による収入・支出が終わっていないものがあれば、それに続く4月と5月にその処理を行わなくてはなりません。この2カ月間を出納整理期間といい、この間に処理します。極端な例ですが、3月31日の夕方に道路の補修工事が終わったとします。その工事代金を年度中（つまりその日のうち）に支払うことは、時間的に無理ですから、出納整理期間中に調定や検収をし、収入支出の現金処理を行います。現金主義会計（官庁会計）では現金が動いた時点で記帳するので出納整理期間が必要です。

## 5　決算のしくみ

　出納整理期間が終わって出納が閉鎖された後、3ヵ月以内（8月31日まで）に会計管理者は決算を行い、**決算書**に附属書類を付けて首長に提出します。受け取った首長はこれを監査委員の審査に回します。監査委員は審査の結果を取りまとめて**決算審査意見書**を首長に提出します。

　決算審査意見書を受け取った首長は、議会の認定に付すために決算書を議会に提出します。決算は、「一会計年度の歳入歳出予算の執行の実績について作成される確定的な計数表」とされています。決算は、次の通常予算を審議する議会までに提出しなくてはなりません。たいていは9〜10月の決算議会で審議され認定されます。

　まれに決算不認定になることもあります。ただ、不認定になっても、すでに執行した収支は有効で、決算の効力に影響を及ぼすことはありません。しかし、首長はその政治的・道義的責任を免れません。

議会に提出される決算書類は次の 7 つです。

[決算（地方自治法第 233 条、施行令第 166 条)]
　　歳入歳出決算書、歳入歳出決算事項別明細書、実質収支
　　に関する調書、財産に関する調書、証書類、監査委員の
　　決算審査意見書、主要な施策の成果を説明する書類

　**歳入歳出決算書**には、款・項（議決科目）ごとに、歳入は「予算現額、調定額、収入済額、不納欠損額、収入未済額、予算現額と収入済額との比較」が、歳出は「予算現額、支出済額、翌年度繰越額、不用額、予算現額と支出済額との比較」が書かれています。また、**歳入歳出決算事項別明細書**には「当初予算額、補正予算額」なども含め、款・項目・節ごとの金額が書かれています。

　**実質収支に関する調書**については 34 ページで説明します。

　**財産に関する調書**は、公有財産（土地および建物、山林、動産、物権、無体財産権、有価証券、出資による権利、財産の信託の受益権）、物品、債権、基金といった自治体の財産についてそれぞれ前年度末現在高、年度中増減高、決算年度末現在高が記載されています。

　なお、基金には出納整理期間がないため、財産に関する調書のうち基金現在高は 3 月 31 日現在の額が計上されています。しかし、決算統計では普通会計との間の積立金、繰出金には出納整理期間があるものとされますので、5 月 31 日現在の額が計上されます。

　**主要な施策の成果を説明する書類**は 1 年間実施してきた公共サービスの内容・実績・成果を詳しく説明したものです。ただ、定められた様式がないために、詳しさや分かりやすさで自治体間に違いが見られます。内容や表現の改善を求めましょう。

## 決算書と決算統計の違い

注意しなくてはいけないのは、議員に配布される決算書における一般会計の金額と決算統計における普通会計との金額が異なることが珍しくないことです。二つの「決算額」があるように見えます。

自治体は、条例で定めれば特別会計を設置することができます。例えば、徳島県鳴門市には光熱水費等支出特別会計、大阪府摂津市にはパートタイマー等退職金共済特別会計という珍しい会計があります。これらの会計は他の自治体では一般会計に含まれるものです。このように自治体によって会計がばらばらだったり、年度によって会計が変わったりすると全国統計をとったり、自治体同士で比べるときに困ります。決算書も決算統計も間違った数値ではありませんが、同一基準による決算統計が必要です。そこで国は普通会計という仮想の会計を作って全国共通の基準の決算統計を作っているわけです。決算統計の作り方は、総務省が毎年度公表している「地方財政状況調査表作成要領」で知ることができます。

## 普通会計と一般会計

総務省の「地方財政状況調査表作成要領」によると、決算統計は、**普通会計**と**公営事業会計**に分かれ、普通会計は公営事業会計以外の会計だと説明されています。ここでいう公営事業会計とは、公営企業（地方公営企業法非適用の事業も含む）、収益事業の他に、国民健康保険、後期高齢者医療、介護保険、農業共済、交通災害共済の各事業会計をいいます（図2-2）。

土地先行取得、母子寡婦福祉貸付資金、心身障害者扶養共済、公債費管理など独自に条例で設置している特別会計は、多くは普通会計に含まれますが、一部はそうでない会計もあります。普通会計に含まれる場合でも会計間の繰入れ・繰出しによる重複を除く必要があります。

図 2−2　決算統計における普通会計

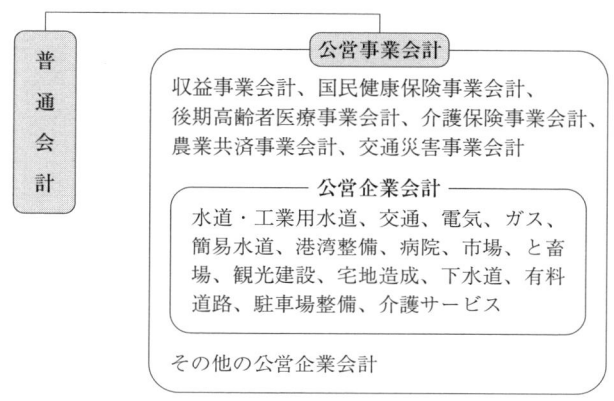

出所：総務省「平成 28 年度　地方財政状況表作成要領」より筆者作成。

区画整理や市街地再開発事業では普通会計から除外される部分があるなど複雑です。そうした細かい違いはありますが、普通会計は一般会計とほぼ同じと考えていいと思います。

　決算統計とは別に、財政状況等一覧表や財政健全化法では**一般会計等**という用語が出てきます。その範囲は普通会計にほぼ相当するものですが、重複分を除くなどをしていませんから、普通会計と一般会計等との数値が異なることもあります。

## いろいろな収支

　自治体の財政収支には、①**歳入歳出差引収支**（または形式収支）、②**実質収支**、③**単年度収支**、④**実質単年度収支**の 4 種類があります。このうち、会計責任者が作成する決算書には①と②の二つが掲載されていますが、③と④は掲載されていません。これに対して、財政担当課が作成する決算統計には、①から④まで 4 種類がすべて掲載されています。共通して掲載されているのは①と②ですが、自治体によっては

図 2-3　4つの決算収支

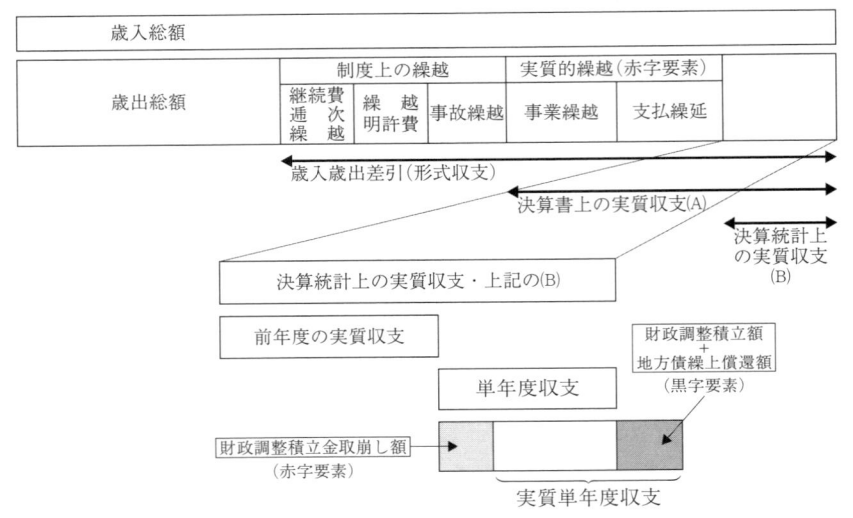

出所：著者作成。

その収支額が異なることもあります。その理由は先述したとおりです。

　次に、4つの収支を説明します（**図2-3**）。

　**歳入歳出差引額**とは、歳入総額から歳出総額を差し引いた額で、**形式収支**ともいいます。年度末に現金がいくら残ったかを示します。これが赤字だと支払現金が不足しているため、翌年度歳入を繰上充用しなくてはなりません。

　**実質収支**は、歳入歳出差引額から「翌年度に繰り越すべき財源」を差し引いた額で、自治体の純剰余または純損失を意味します。4つの収支の中心です。「翌年度に繰り越すべき財源」とは、何らかの正当な事情で支払われなかった財源のことです。翌年度には支払うべきものですから、歳入歳出差引額（形式収支）から差し引きます。継続費逓次繰越・繰越明許費繰越・事故繰越の3種類あります。実質収支は決算附属書類として「実質収支に関する調書」に記されています。

## 表 2-4　作成される予算書・決算書の一覧表

| 会計処理方式 | | 予算書の種類 | | 決算書の種類 | |
|---|---|---|---|---|---|
| 官公庁会計方式 | 単式記帳・現金主義 | ①予算総則 | ┐（予算） | ①歳入歳出決算書 | （決算）（決算附属書類） |
| | | ②歳入歳出予算 | | ②歳入歳出決算事項別明細書 | |
| | | ③継続費 | | ③実質収支に関する調書 | |
| | | ④繰越明許費 | | ④財産に関する調書 | |
| | | ⑤債務負担行為 | | ⑤証書類 | |
| | | ⑥地方債 | | ⑥監査委員の決算審査意見書 | |
| | | ⑦一時借入金 | | ⑦主要な施策の成果を説明する書類 | |
| | | ⑧歳出予算の各項の経費の金額の流用 | | | |
| | | ⑨歳入歳出予算事項別明細書及び給与費明細書 | | | |
| | | ⑩継続費に関する調書 | | | |
| | | ⑪債務負担行為で翌年度以降にわたるものに関する調書 | （予算に関する説明書） | | |
| | | ⑫地方債に関する調書 | | | |
| | | ⑬その他必要な書類 | | | |
| 企業会計方式 | 複式記帳・発生主義 | ①業務の予定量 | ┐（予算に記載すべき事項） | ①決算報告書 | （決算報告書）（決算附属書類） |
| | | ②予定収入及び予定支出の金額（収益的収入と支出（3条予算）と資本的収入と支出(4条予算)) | | ②損益計算書 | |
| | | ③継続費 | | ③剰余金計算書（または欠損金計算書） | |
| | | ④債務負担行為 | | ④剰余金処分計算書（欠損金処理計算書） | |
| | | ⑤企業債 | | ⑤貸借対照表 | |
| | | ⑥一時借入金の限度額 | | ⑥証書類 | |
| | | ⑦予定支出の各項の経費の金額の流用 | | ⑦事業報告書 | |
| | | ⑧議会の議決を経なければ流用することのできない経費 | | ⑧収益費用明細書 | |
| | | ⑨一般会計又は特別会計からの補助金 | | ⑨固定資産明細書 | |
| | | ⑩利益剰余金の処分 | | ⑩企業債明細書 | |
| | | ⑪たな卸資産購入限度額 | | ⑪基金運用状況に関する書類 | |
| | | ⑫重要な資産の取得及び処分 | | | |
| | | ⑬予定の実施計画 | | | |
| | | ⑭資産計画 | | | |
| | | ⑮給与費明細書 | | | |
| | | ⑯継続費に関する調書 | （予算に関する説明書） | | |
| | | ⑰債務負担行為に関する調書 | | | |
| | | ⑱当該事業年度の予定貸借対照表並びに前事業年度の予定損益計算書及び予定貸借対照表 | | | |

出所：地方自治法、同施行令、地方公営企業法、同施行令などから筆者作成。

継続費と繰越明許費とは23ページをご覧ください。継続費逓次繰越とは継続費の最終年度までの執行残額のことです。繰越明許費繰越は翌年度に繰り越して使用するもので、通常は、年度中や年度末の補正予算の形で提案されます。

　図2-3のうち「実質的繰越（赤字要素）」部分はほとんどの自治体にはありません。ですから図2-3における実質収支は、決算書(A)と決算統計(B)とではほぼ同内容です。

　実質収支はこれまでの収支の累積ですからその年度だけの収支ではありません。そこでその年度の実質収支から前年度のものを差し引きます。これが**単年度収支**です。

　**実質単年度収支**は、「単年度収支＋積立金＋繰上償還額－積立金取崩し額」で計算します。ただここでいう積立金は財政調整基金（以下、財調基金）のことで、減債基金やその他特定目的基金は含めません。財調基金は、年度間の財源の不均衡を調整する基金で、取り崩した額は一般財源として扱われます。繰上償還金とは、地方債を償還満期日前に償還するもので、償還利子が軽減できます。実質単年度収支は、収支の中に隠れている黒字要素、赤字要素を考慮したもので大切な収支です。

## 作成される予算書・決算書の一覧

　議会で議決・認定される予算書や決算書には「予算に関する説明書」が添付されます。表2-4はそれを一覧表にしたものです。企業会計に関するものを含んでいます。詳しくは第6章をご覧ください。「予算に関する説明書」と書かれているのは議会での議決の対象になりません。

## ここでのまとめ

◇予算は自治体が住民に約束した公共サービスの内容と量という
性格を持っている。

◇予算は 6 つの原則があってそれに基づいて作られていることを
学んだ。しかし、たくさんの例外があって、それによって予算
を理解するのが難しくなっている。

◇決算は予算で約束したことがきちんと行われたかどうかを住民
に示す資料である。決算には決算書の形で議会に諮られるもの
と、決算統計として示されるものがある。

## 理解しよう。調べてみよう

◇わがまちの予算書や決算書を、図書館や情報公開コーナーなど
で見てみよう。どう感じるのか。

◇決算書とは別に決算カードが作られている。財政課から取り寄
せてみよう。

# 第3章

## 歳出（経費）のしくみ

**ここで学びたいこと**

◇自治体が行う仕事は歳出を見ることで分かる。わがまちがどん
　な仕事をしているのかを知ろう。

　自治体の公共サービスの状況は歳出の分析によって知ることができ
ます。歳出（2016年度決算。都道府県と市町村の純計額）の状況はど
のようになっているのでしょうか。

　歳出総額（純計）は98.1兆円でした。これを行政目的別で見ますと、
民生費が最大で26.3兆円（構成比27％）、教育費16.7兆円（17％）、公
債費が12.6兆円（13％）、土木費12.0兆円（12％）でした。ここ20年
間に土木費が減少していますが、最近下げ止まり少し増える傾向にあ
ります。これに対して、民生費は年々増加し続けています。教育費は
横ばいです（**図3−1**）。

　都道府県では教育費が最大で全体の22％を占めています。市町村で
は民生費が全体の37％を占めています。

　経費を性質別に見ますと、人件費が最大で22.5兆円（全体の23％）、
普通建設事業費14.3兆円（15％）、扶助費14.0兆円（14％）、公債費
12.5兆円（13％）でした。この20年間、普通建設事業費や人件費が

## 図3-1 目的別歳出の推移（純計）

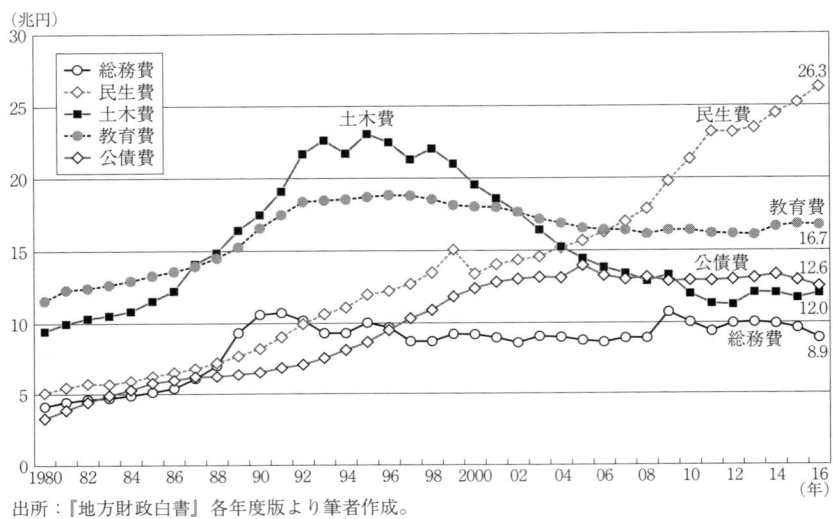

出所：『地方財政白書』各年度版より筆者作成。

## 図3-2 性質別経費の推移（純計）

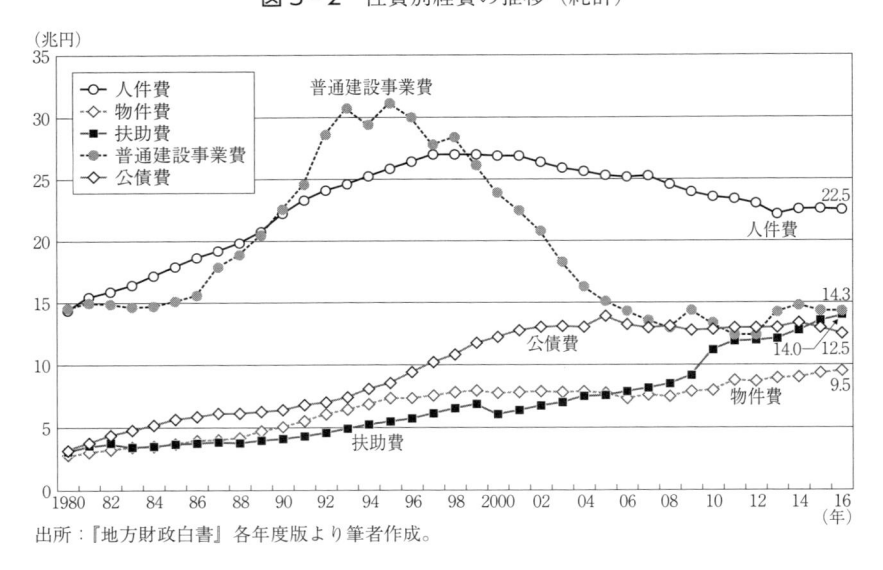

出所：『地方財政白書』各年度版より筆者作成。

減少してきました。これに対して扶助費がこの 10 年間に増加しています。物件費は増え気味です（**図3-2**）。公債費は横ばいです。

　都道府県では、人件費と補助費等が歳出全体の 27%、普通建設事業費が 14% を占めています。また市町村では、扶助費が 23% を占め、人件費、普通建設事業費、公債費などが 10% 台です。

# 1　経費（歳出）の区分のしかた

　当たり前ですが、自治体が仕事をすれば経費がかかり、支払いのための財源が必要です。財政では、経費として支出されたものを「歳出」とよび、財源として収入されたものを「歳入」とよびます。

　自治体の歳出を見れば、その自治体がどのような公共サービスを行ったかが分かります。自治体は、「住民管理・選挙管理・警察・消防・徴税などの行政活動を行うだけでなく、バス・電車・地下鉄・道路・住宅・上下水道などの社会基盤を整備し、保育・教育・医療・福祉・保健・介護などの公共サービスを提供する。さらに、治山・治水・防災・公害防止・環境保全・廃棄物処理など自然と人間の物質環境の調整を行っている。また、地域における産業振興や雇用の確保、消費生活の保護なども地方自治体の重要な仕事」[*1]です。よく自治体は「ゆりかごから墓場まで」といわれますが、実にさまざまな仕事を行っています。

　自治体の仕事はこのようにさまざまで、複雑なため、歳出を 4 段階に分類して分かりやすくしています。大きな方から「款（かん）・項（こう）・目（もく）・節（せつ）」と名付けています。**表3-1**に款と項を記しています。

　市町村の予算書では「款」は次のように分類されます。款の主な内

---

1　重森曉『入門　現代地方自治と地方財政』自治体研究社、2003 年、8 ページ。

## 表 3-1　目的別分類の款・項

出所：地方自治法施行規則の「歳入歳出予算の款項の区分及び目の区分」『加除式地方公共団体決算統計ハンドブック』ぎょうせい、1991 年 7 月、406 ページ以下より筆者が作成。

| 歳入歳出予算の款項の区分（地方自治法施行規則第15条による） | | | | 地方財政状況調査表での区分（決算統計） | |
|---|---|---|---|---|---|
| 都道府県 | | 市町村 | | 市町村 | |
| 款 | 項 | 款 | 項 | 款 | 項 |
| 1.議会費 | 1.議会費 | 1.議会費 | 1.議会費 | 1.議会費 | |
| 2.総務費 | 1.総務管理費<br>2.企画費<br>3.徴税費<br>4.市町村振興費<br>5.選挙費<br>6.防災費<br>7.統計調査費<br>8.人事委員会費<br>9.監査委員費 | 2.総務費 | 1.総務管理費<br>2.徴税費<br>3.戸籍住民基本台帳費<br>4.選挙費<br>5.統計調査費<br>6.監査委員費 | 2.総務費 | 1.総務管理費<br>2.徴税費<br>3.戸籍・住民基本台帳費<br>4.選挙費<br>5.統計調査費<br>6.監査委員費 |
| 3.民生費 | 1.社会福祉費<br>2.児童福祉費<br>3.生活保護費<br>4.災害救助費 | 3.民生費 | 1.社会福祉費<br>2.児童福祉費<br>3.生活保護費<br>4.災害救助費 | 3.民生費 | 1.社会福祉費<br>2.老人福祉費<br>3.児童福祉費<br>4.生活保護費<br>5.災害救助費 |
| 4.衛生費 | 1.公衆衛生費<br>2.環境衛生費<br>3.保健所費<br>4.医薬費 | 4.衛生費 | 1.保健衛生費<br>2.清掃費 | 4.衛生費 | 1.保健衛生費<br>2.結核対策費<br>3.保健所費<br>4.清掃費 |
| 5.労働費 | 1.労政費<br>2.職業訓練費<br>3.失業対策費<br>4.労働委員会費 | 5.労働費 | 1.失業対策費<br>2.労働諸費 | 5.労働費 | 1.失業対策費<br>2.労働諸費 |
| 6.農林水産業費 | 1.農業費<br>2.畜産業費<br>3.農地費<br>4.林業費<br>5.水産業費 | 6.農林水産業費 | 1.農業費<br>2.林業費<br>3.水産業費 | 6.農林水産業費 | 1.農業費<br>2.畜産業費<br>3.農地費<br>4.林業費<br>5.水産業費 |
| 7.商工費 | 1.商業費<br>2.工鉱業費<br>3.観光費 | 7.商工費 | 1.商工費 | 7.商工費 | |
| 8.土木費 | 1.土木管理費<br>2.道路橋りょう費<br>3.河川海岸費<br>4.港湾費<br>5.都市計画費<br>6.住宅費 | 8.土木費 | 1.土木管理費<br>2.道路橋りょう費<br>3.河川費<br>4.港湾費<br>5.都市計画費<br>6.住宅費 | 8.土木費 | 1.土木管理費<br>2.道路橋りょう費<br>3.河川費<br>4.港湾費<br>5.都市計画費<br>6.住宅費<br>7.空港費 |
| 9.警察費 | 1.警察管理費<br>2.警察活動費 | 9.消防費 | 1.消防費 | 9.消防費 | |
| 10.教育費 | 1.教育総務費<br>2.小学校費<br>3.中学校費<br>4.高等学校費<br>5.特別支援学校費<br>6.社会教育費<br>7.保健体育費 | 10.教育費 | 1.教育総務費<br>2.小学校費<br>3.中学校費<br>4.高等学校費<br>5.幼稚園費<br>6.社会教育費<br>7.保健体育費 | 10.教育費 | 1.教育総務費<br>2.小学校費<br>3.中学校費<br>4.高等学校費<br>5.特別支援学校費<br>6.幼稚園費<br>7.社会教育費<br>8.保健体育費<br>9.大学費 |
| 11.災害復旧費 | 1.農林水産施設災害復旧費<br>2.何施設災害復旧費 | 11.災害復旧費 | 1.農林水産施設災害復旧費<br>2.何施設災害復旧費 | 11.災害復旧費 | 1.農林水産施設災害復旧費<br>2.公共土木施設災害復旧費<br>3.その他 |
| 12.公債費 | 1.公債費 | 12.公債費 | 1.公債費 | 12.公債費 | |
| 13.諸支出金 | 1.普通財産取得費<br>2.公営企業貸付金<br>3.地方消費税精算金<br>4.利子割交付金<br>5.配当割交付金<br>6.株式等譲渡割交付金<br>7.地方消費税交付金<br>8.ゴルフ場利用税交付金<br>9.自動車取得税交付金<br>10.利子割精算金 | 13.諸支出金 | 1.普通財産取得費<br>2.公営企業貸付金<br>3.市町村たばこ税都道府県交付金 | 13.諸支出金 | 1.普通財産取得費<br>2.公営企業費<br>3.市町村たばこ税都道府県交付金 |
| 14.予備費 | 1.予備費 | 14.予備費 | 1.予備費 | 14.前年度繰上充用金 | |
| | | | | 15.特別区財政調整納付金 | |

**表3-2　費目（款）とおもな経費の内容（市町村）**

| 費　目（款） | おもな経費の内容 |
|---|---|
| ①　議会費 | 議員報酬など議会活動の経費 |
| ②　総務費 | 自治体の内部管理の経費、他の費目に含まれない経費 |
| ③　民生費 | 児童、高齢者、障害者、生活保護など社会福祉の経費、国民健康保険会計・介護保険会計への繰出し経費 |
| ④　衛生費 | 医療、公衆衛生やごみ処理、公害対策などの経費、保健所費など |
| ⑤　労働費 | 勤労者を支援するための経費 |
| ⑥　農林水産業費 | 農林水産業費の生産基盤の整備、技術開発、農林漁村の活性化など |
| ⑦　商工費 | 地域における中小企業の経営力・技術力の向上、観光、企業誘致のための経費 |
| ⑧　土木費 | 道路・河川・住宅・公園等の公共施設の建設・整備、維持管理の経費 |
| ⑨　消防費 | 火災・風水害・地震などから住民の生命・財産を守り、救急活動のための経費 |
| ⑩　教育費 | 学校教育、社会教育などの教育文化のための経費 |
| ⑪　災害復旧費 | 地震、台風などの災害によって生じた被害の原形復旧に要する経費 |
| ⑫　公債費 | 地方債の元利償還金、一時借入金の利子、公債費関係事務取り扱いに要する経費 |
| ⑬　諸支出金 | 普通財産の取得。交通、ガス、電気、収益事業会計への繰出金、貸付金 |
| ⑭　前年度繰上充用金 | 前年度の歳入が歳出に不足したために、前年度の歳入に充てた額 |

出所：筆者作成。

容は表3-2のとおりです。

　①議会費、②総務費、③民生費、④衛生費、⑤労働費、⑥農林水産業費、⑦商工費、⑧土木費、⑨消防費（都道府県では警察費）、⑩教育費、⑪災害復旧費、⑫公債費、⑬諸支出金、⑭前年度繰上充用金（予算では予備費が計上されている）

　次に中分類が続きます。例えば、款：民生費は、「項」として社会福祉費、児童福祉費、生活保護費、災害救助費に中分類されます。民生

表3-3 歳出の節区分

| 歳出節の28区分 | | | |
|---|---|---|---|
| ①報酬 | ⑧報償費 | ⑮工事請負費 | ㉒補償、補填及び賠償金 |
| ②給料 | ⑨旅費 | ⑯原材料費 | ㉓償還金、利子及び割引料 |
| ③職員手当等 | ⑩交際費 | ⑰公有財産購入費 | ㉔投資及び出資金 |
| ④共済費 | ⑪需用費 | ⑱備品購入費 | ㉕積立金 |
| ⑤災害補償費 | ⑫役務費 | ⑲負担金、補助及び交付金 | ㉖寄附金 |
| ⑥恩給及び退職年金 | ⑬委託料 | ⑳扶助費 | ㉗公課費 |
| ⑦賃金 | ⑭使用料及び賃借料 | ㉑貸付金 | ㉘繰出金 |

出所：地方自治法施行規則「歳出予算に係る節の区分」より筆者作成。

費以外の「項」は表3-1をご覧ください。

さらに小分類の「目」があります。例えば、「款：教育費・項：社会教育費」は、社会教育総務費、公民館費、図書館費などの「目」に分類されます。

最後の分類が細分類で「節」とよびます。節は28種類（表3-3）に分かれます。節の区分は総務省令で定められていますので、自治体が勝手に決めることができません。これに対して、款、項、目は比較的弾力的に運用することができます。

## 2　経費の目的別分類と性質別分類

決算統計では歳出（経費）全体を二つの基準で分類して歳出の特徴を把握します。一つは目的別経費、もう一つは性質別経費です。

### 1　目的別経費

表3-4 経費の目的別分類と性質別分類

| 区分 | 経費の分類 | 議会・長との関係 |
|---|---|---|
| 款 | 目的別経費（分類） | 議決科目 |
| 項 | | |
| 目 | | 執行科目 |
| 節 | 性質別経費（分類） | |

目的別経費は、経費を行政目的に応じて分類したものです。款・項・目がこれに相当します（表3-4）。表3-1と表3-2は目的別に分類したものです。

## 2　性質別経費

　もう一つの性質別経費は経費の経済的機能・性質によって分類した
ものです。①人件費、②扶助費、③公債費、④物件費、⑤維持補修費、
⑥補助費等、⑦繰出金、⑧積立金、⑨投資及び出資金、⑩貸付金、⑪普
通建設事業費、⑫災害復旧事業費、⑬失業対策事業費、⑭前年度繰上
充用金の 14 種類に分類されます。主な内容は表 3−5 を見てください。

表 3−5　費目（款）とおもな経費の内容（市町村）

| 費　目 | おもな経費の内容 |
|---|---|
| ①　人件費 | 議員の報酬、職員の給与、地方公務員共済組合負担金、退職手当に要する経費 |
| ②　扶助費 | 生活困窮者、児童、障害者等を援助するために要する経費 |
| ③　公債費 | 地方債の元利償還金、一時借入金の利子 |
| ④　物件費 | 旅費、役務費、委託料などの経費。短期間・一時的に雇用される者に支払われる賃金 |
| ⑤　維持補修費 | 自治体が管理する施設等の維持に要する経費。施設の効用を増加させる経費は普通建設事業費となる |
| ⑥　補助費等 | 住民や各種団体への助成金や一部事務組合への負担金。法適用の地方公営企業会計に対する負担金 |
| ⑦　繰出金 | 他会計に繰り出しする経費 |
| ⑧　積立金 | 基金への積立金 |
| ⑨　投資及び出資金 | 自治体が歳計現金を運用して投資するための経費 |
| ⑩　貸付金 | 地方公営企業法適用の公営事業会計に対する貸付金 |
| ⑪　普通建設事業費 | 公共または公用施設の新増設に要する経費 |
| ⑫　災害復旧事業費 | 地震、台風などの災害によって生じた被害の原形復旧に要する経費 |
| ⑬　失業対策事業費 | 失業者に就業の機会を与えることを目的に道路、公園の整備を行う経費 |
| ⑭　前年度繰上充用金 | 前年度の歳入が歳出に不足したために、前年度の歳入に充てた額 |

出所：筆者作成。

しかし、予算書や決算書の関係書類を見ても人件費や物件費といった文字は見あたりません。もう一度歳出予算事項別明細書（表2-1、24〜25ページ）を見てください。節の欄があります。節は、すべて目の下に並び、目が変わるたびに何度でも出てきます。性質別の14分類はこの節を表3-6の基準により区分したものです。

## 義務的経費・投資的経費・その他の経費

　表3-5に書かれた①〜⑭の経費をさらに束ねて、①〜③を義務的経費、⑪から⑬を投資的経費、④〜⑩と⑭をその他の経費と分類することがあります。地方財政白書はこれと同じ区分をしています。

## 人件費と物件費

　自治体で働く職員は、一般職、特別職、常勤、非常勤を問わず労働に対する反対給付（給料など）が支払われます。その場合、正規職員などへは「人に伴う経費」として、性質別経費の人件費の費目で支払われます。これに対して、「任命行為の形式をとらず、単に雇用契約による場合」の短期間の日々雇用の職員に対する賃金は物件費に計上します。任期付短時間勤務職員（再任用職員［短時間勤務］）の給料は人件費になります。

## 普通建設事業費と投資的経費

　人件費などの経費を消費的経費といいます。これに対して道路や橋りょう、学校や治山治水施設などの建設事業・公共事業の経費は、支出の効果が「物」「資産」として年度を越えます。このような経費は「社会資本の形成」という経済的特徴をもっており、投資的経費といいます。投資的経費には普通建設事業費、災害復旧事業費、失業対策事業費があります。

## 表3-6　性質別歳出の項目と節との関係

| 歳 出 項 目 | 節　区　分 |
|---|---|
| 一　人件費<br>　事業費支弁職員分を除く。 | |
| 　1　議員報酬手当 | ①　報酬　③　職員手当等（ただし、議員の期末手当相当分） |
| 　2　委員等報酬 | ①　報酬 |
| 　3　市町村長等特別職の給与 | ②　給料　③　職員手当等 |
| 　4　職員給（細目省略） | ②　給料　③　職員手当等　⑦　賃金（ただし、臨時職員給与相当分） |
| 　5　地方公務員共済組合等負担金 | ④　共済費（地方公務員共済組合等に対する負担金） |
| 　6　退職金（細目省略） | ③　職員手当等（退職手当及び退職手当組合に対する負担金） |
| 　7　恩給及び退職年金 | ⑥　恩給及び退職年金 |
| 　8　災害補償費 | |
| 　　①　地方公務員災害補償基金負<br>　　　担金 | ④　共済費（地方公務員災害補償基金に対する負担金） |
| 　　②　その他 | ⑤　災害補償費 |
| 　9　職員互助会補助金 | ④　共済費　⑲　負担金、補助及び交付金 |
| 　10　その他 | ④　共済費（報酬、給料及び賃金に係る社会保険料に限る。）<br>⑲　負担金、補助及び交付金 |
| 二　物件費<br>　維持補修費、普通建設事業費、災害復旧事業費及び失業対策事業費に係るもの以外で、次に掲げるもの。 | |
| 　1　賃　金 | ⑦　賃　金（ただし、人件費に計上されるものを除く。） |
| 　2　旅　費 | ⑨　旅　費 |
| 　3　交際費 | ⑩　交際費 |
| 　4　需用費 | ⑪　需用費（ただし、家屋等の修繕で維持補修費に計上されるものを除く。） |
| 　5　役務費 | ⑫　役務費（ただし、火災保険料及び自動車損害保険料等の保険料を除く。） |
| 　6　備品購入費 | ⑱　備品購入費（ただし、1件100万円以上の機械器具等の購入費を除く。） |
| 　7　委託料 | ⑬　委託料（映画等製作委託料、交通量調査委託料、健康診断等反対給付の<br>あるもので補助金的性格でないもの。） |
| 　8　その他 | ④　共済費（ただし、人件費に計上されるものを除く。）　⑧　報償（買上<br>金に限る。）　⑭　使用料及び賃借料　⑯　原材料費（ただし、事業費に計上<br>されるものを除く。） |
| 三　維持補修費 | ⑯　原材料費（ただし、事業費に計上されるものを除く。）<br>目（目の一部であっても目に準ずるものを含む。）による。ただし、人件費、<br>事業費及び物件費に計上されるものを除く。 |
| 四　扶助費 | ⑳　扶助費（これに準ずるものを含む。） |
| 五　補助費等（細目省略） | ⑧　報償費（報酬金及び賞賜金）　⑫　役務費（火災保険及び自動車損害保<br>険等の保険料に限る。）　⑬　委託料（ただし、物件費に計上されるものを<br>除く。）　⑲　負担金、補助及び交付金（ただし、人件費及び事業費に計上さ<br>れるものを除く。）　㉒　補償、補填及び賠償金（ただし、事業費に計上され<br>るもの及び繰上充用金を除く。）　㉓　償還金、利子及び割引料（ただし、公<br>債費に計上されるものを除く。）　㉖　寄附金　㉗　公課費 |
| 六　普通建設事業費 | 目（目の一部であっても独立の1事業である場合を含む。）による。なお、 |
| 七　災害復旧事業費 | 人件費（事業費支弁職員分のみ）、事務費、⑰公有財産購入費、⑱備品購入 |
| 八　失業対策事業費 | 費（1件100万円以上の機械器具の購入費）及び⑲負担金、補助及び交付<br>金（当該市町村が直接には実施しないが、その最終使途が資本形成のための<br>の支出であるもの。ただし、一部事務組合負担金を除く。）を含める。 |
| 九　公債費 | ㉓　償還金、利子及び割引料（ただし、地方債の元利償還金及び一時借入金<br>の利子並びに公募債等の発行差額のみ） |
| 十　積立金 | ㉕　積立金 |
| 十一　投資及び出資金 | ㉔　投資及び出資金 |
| 十二　貸付金 | ㉑　貸付金 |
| 十三　繰出金 | ㉘　繰出金 |
| 十四　前年度繰上充用金 | ㉒　補償、補填及び賠償金（繰上充用金のみ） |

| 歳出節の28区分 | | | |
|---|---|---|---|
| ①報酬 | ⑧報償費 | ⑮工事請負費 | ㉒補償、補填及び賠償金 |
| ②給料 | ⑨旅費 | ⑯原材料費 | ㉓償還金、利子及び割引料 |
| ③職員手当等 | ⑩交際費 | ⑰公有財産購入費 | ㉔投資及び出資金 |
| ④共済費 | ⑪需用費 | ⑱備品購入費 | ㉕積立金 |
| ⑤災害補償費 | ⑫役務費 | ⑲負担金、補助及び交付金 | ㉖寄附金 |
| ⑥恩給及び退職年金 | ⑬委託料 | ⑳扶助費 | ㉗公課費 |
| ⑦賃金 | ⑭使用料及び賃借料 | ㉑貸付金 | ㉘繰出金 |

出所：総務省「平成28年度地方財政状況調査表作成要領（市町村分・一部事務組合分）」。

団体コード　　　272078
表番号　　　　　14

臨時的経費

| 区　　　　　分 | 行 | | 決　算　額 (A) (1) | 左のうち臨時的なもの(B) | |
|---|---|---|---|---|---|
| | | | | 特定財源 (2) | 一般財源等 (3) |
| 1　人　　件　　費　(a) | 0 | 1 | 19,841,923 | 37,110 | 57,991 |
| 　　うち退職手当債を財源とするもの | 0 | 2 | | | |
| 2　物　　　件　　　費 | 0 | 3 | 15,007,755 | 318,032 | 895,072 |
| 3　維　持　補　修　費 | 0 | 4 | 1,720,518 | | 17,427 |
| 4　扶　　　助　　　費 | 0 | 5 | 35,288,334 | 749,803 | 2,904 |
| 5　補　助　費　等 | 0 | 6 | 7,179,543 | 53,901 | 1,492,694 |
| 内訳 (1)　一部事務組合に対するもの | 0 | 7 | 22,447 | | 1,876 |
| 　　 (2)　(1)　以　外　の　も　の | 0 | 8 | 7,157,096 | 53,901 | 1,490,818 |
| 6　公　　　債　　　費 | 0 | 9 | 7,366,092 | | |
| 内訳 (1)　元利償還金 (ア)　元　　金 | 1 | 0 | 7,107,109 | | |
| 　　　　　　　　　　　 (イ)　利　　子 | 1 | 1 | 258,273 | | |
| 　　 (2)　一　時　借　入　金　利　子 | 1 | 2 | 710 | | |
| 7　積　　　立　　　金 | 1 | 3 | 584,631 | 113,751 | 470,880 |
| 8　投資及び出資金・貸付金 | 1 | 4 | 2,115,880 | 653,028 | 1,431,569 |
| 9　繰　　　出　　　金 | 1 | 5 | 10,928,623 | 5,080 | 200,507 |
| 10　前　年　度　繰　上　充　用　金 | 1 | 6 | | | |
| 計　　　　　　(1～10) | | | 100,033,299 | 1,930,705 | 4,569,044 |
| 退職手当債を財源とするものを加えた経常収支比率 | | | | | |
| 11　投　資　的　経　費 | 1 | 7 | 11,376,286 | 8,311,737 | 3,064,549 |
| 　　う　ち　人　件　費　(b) | 1 | 8 | 376,341 | | 376,341 |
| 　　(1)　普　通　建　設　事　業　費 | 1 | 9 | 11,376,286 | 8,311,737 | 3,064,549 |
| 　　　　　う　ち　単　独　事　業　費 | 2 | 0 | 3,309,230 | 1,124,037 | 2,185,193 |
| 　　(2)　災　害　復　旧　事　業　費 | 2 | 1 | | | |
| 　　(3)　失　業　対　策　事　業　費 | 2 | 2 | | | |
| 歳出合計 | 2 | 3 | 111,409,585 | 10,242,442 | 7,633,593 |
| 　　う　ち　人　件　費　(a)+(b) | 2 | 4 | 20,218,264 | 37,110 | 434,332 |
| 歳　出　構　成　比　　(％) | | | 100.0 | 9.2 | 6.8 |

出所：「高槻市平成29年度地方財政状況調査表」。

経費の状況　　　　　　　　　　　　　経常収支比率　　平成29年度　[ 25 頁 ]

都道府県名　　　大阪府
団　体　名　　　高槻市

（単位：千円）

| 経常的経費 差額経常的な も の (A)－(B) | 経常経費充当一般財源等 左の内訳 (4) 特定財源 | (5) 一般財源等 | 決算額構成比（％） | | 経常収支比率（％） | 減収補償債（特例分）及び臨時財政対策債を経常一般財源等から除いた経常収支比率（％） |
|---|---|---|---|---|---|---|
| 19,746,822 | 1,702,668 | 18,044,154 | 17.8 | | 27.4 | 28.3 |
| | | | | | [　　　] | [　　　] |
| 13,794,651 | 2,374,779 | 11,419,872 | 13.5 | | 17.4 | 17.9 |
| 1,703,091 | | 1,703,091 | 1.6 | | 2.6 | 2.7 |
| 34,535,627 | 24,197,127 | 10,338,500 | 31.7 | | 15.7 | 16.2 |
| 5,632,948 | 400,528 | 5,232,420 | 6.4 | | 8.0 | 8.2 |
| 20,571 | | 20,571 | 0.0 | | 0.0 | 0.0 |
| 5,612,377 | 400,528 | 5,211,849 | 6.4 | | 7.9 | 8.2 |
| 7,366,092 | 246,265 | 7,119,827 | 6.6 | | 10.8 | 11.2 |
| 7,107,109 | 221,500 | 6,885,609 | 6.4 | | 10.5 | 10.8 |
| 258,273 | 24,765 | 233,508 | 0.2 | | 0.4 | 0.4 |
| 710 | | 710 | 0.0 | | 0.0 | 0.0 |
| | | | 0.5 | | | |
| 31,283 | | 31,283 | 1.9 | | 0.0 | 0.0 |
| 10,723,036 | 2,288,403 | 8,434,633 | 9.8 | | 12.8 | 13.2 |
| 93,533,550 | 31,209,770 | 62,323,780 | 89.8 | | 94.8 | 97.8 |
| | | | | | [ 94.8] | [ 97.8] |
| | | | 10.2 | | ( 4.7) | ( 4.8) |
| | | | 0.3 | | ( 0.6) | ( 0.6) |
| | | | 10.2 | | ( 4.7) | ( 4.8) |
| | | | 3.0 | | ( 3.3) | ( 3.4) |
| | | | | | (　　) | (　　) |
| | | | | | (　　) | (　　) |
| 93,533,550 | 31,209,770 | 62,323,780 | 100.0 | | | |
| 19,746,822 | 1,702,668 | 18,044,154 | 18.1 | | | |
| 84.0 | 28.0 | 56.0 | | | | |

普通建設事業費などの投資的経費は他の性質別経費と少し区分けが違っています。各款（例えば土木費）の事業費に該当する目（例えば、道路新設改良費や街路事業費など）の合計額が普通建設事業費となります。ですからそのなかには、事業に必要な設計管理、用地交渉、契約などの事務に従事する職員の人件費が含まれています。これを「事業費支弁人件費」といい投資的経費に計上されます。

### 繰出金と補助費等

　一般会計から特別会計へ繰り出される経費を「繰出し等」といいます。そのうち、繰り出される特別会計が地方公営企業法適用の場合は補助費等（繰出しの方法によっては投資及び出資金、貸付金のこともあります）に区分され、そうでない場合は繰出金に区分されます。

　なお、定額運用基金への積立金は繰出金となります。

### 経常的経費と臨時的経費

　経費を経常的経費と臨時的経費に分類することがあります。経常的経費とは、年々持続して固定的に支出される経費のことで、大まかにいうと人件費、物件費、維持補修費、扶助費、補助費等、公債費のことで、それ以外が臨時的経費ということになります。この二つの区分は経常収支比率の計算でも使うもので重要です。

　しかし、総務省の「地方財政状況調査表作成要領」によると、臨時的経費でないものを経常的経費とすると書かれていて、分かったようで分からない分類です。人件費のうちの災害補償費、公債費のうちの繰上償還分などは臨時的経費に分類されていますし、一般会計から国民健康保険会計への繰出金のうち、国保会計の赤字を穴埋めするための繰出金は臨時的経費になります。詳しくは各自治体の地方財政状況調査表（**表3-7**）で調べてください。

おおよそ次のような傾向があります。

（1）人件費・扶助費・公債費は経常的経費の割合が高いようです。

（2）積立金はすべて臨時的経費です。

（3）繰出金は本来、臨時的経費ですが、国民健康保険や後期高齢者医療、介護保険などの会計への繰出金のなかには経常的経費が含まれています。最近は経常的経費の方が多くなる傾向にあります。

---

## ここでのまとめ

◇歳出は、行政目的に応じて区分する目的別歳出と、経費の経済的機能・性質によって区分する性質別歳出の二つに分類される。

◇性質別歳出を大きくくくったものに経常的経費・投資的経費・義務的経費がある。

## 理解しよう。調べてみよう

◇わがまちの歳出はどうなっているのか、決算書や決算カードを集め、動向を見てみよう。

# 第4章

## 歳入（財源）のしくみ

**ここで学びたいこと**

◇第3章でどのような公共サービスが行われているかを学んだ。本章では公共サービスを行うために使われる財源について学ぶ。財源としての収入を歳入という。主な歳入である地方税・地方交付税・国庫支出金・地方債を中心にそのしくみを理解しよう。

## 1 歳入決算の状況

公共サービスの経費を賄う財源は予算書や決算書に歳入として書かれています。**図4-1**は5年間の全国自治体の歳入総額（純計）の変化です。2016年度では101.5兆円で、多い順に地方税が39.4兆円（構成比39%）、地方交付税17.2兆円（17%）、国庫支出金15.6兆円（15%）、地方債10.4兆円（10%）です。ほとんどの自治体はこの4つが大きな財源です。

四大財源の38年間の動きを見たのが**図4-2**です。地方税は景気の動向や税制改革の影響を強く受けます。1980年代までは増えていましたが、バブル崩壊（90年代初め）後は横ばいになりました。その後、

## 図4-1 歳入決算の推移（都道府県・市町村の純計）

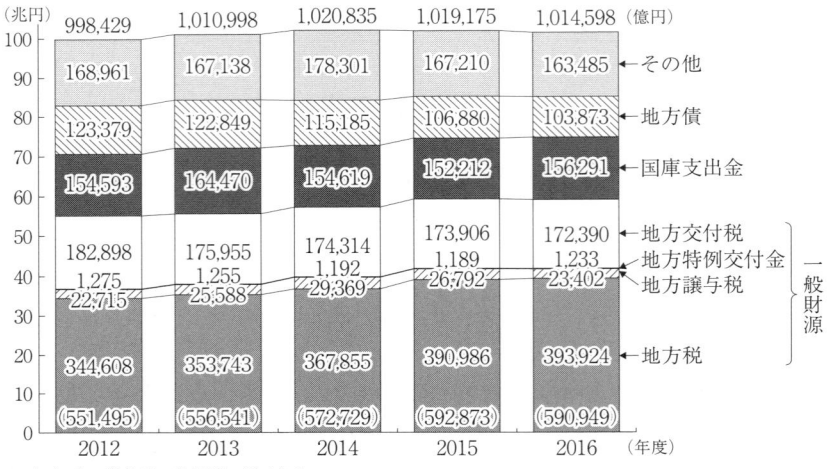

※（　）内の数値は一般財源の額である。

出所：総務省『地方財政白書』平成30年版。

## 図4-2 歳入予算の中期的推移（純計）

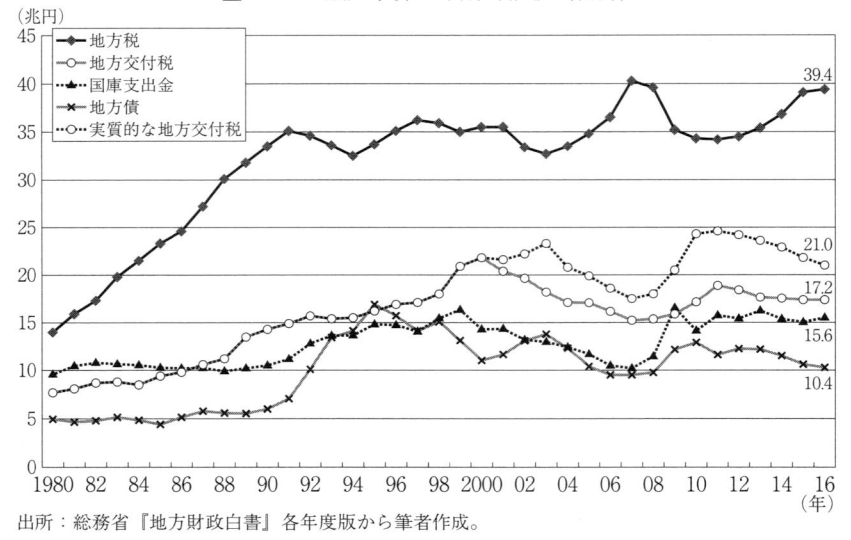

出所：総務省『地方財政白書』各年度版から筆者作成。

2006年頃までは増加しましたが、2008年9月のリーマンショックを機に減少してゆきました。2010年代に再び増えましたが、先行きは不透明です。地方交付税は2000年度までは増えてきましたが、2001年度に地方交付税の一部が臨時財政対策債（以下、臨財債）という地方債に振り替えられ減少しました。2004年度から「三位一体の改革」によって臨財債を含めた「実質的な地方交付税」も減少しました。

2009年の民主党政権は自治体財政に変化をもたらしました。減少を続けていた地方交付税が上向きになり、国庫支出金も増加しました。生活保護費、子ども関係手当などが増えたからと考えられます。地方債は、90年代中頃をピークに減少気味です。かつて地方債は主として公共事業向けに起債されましたが、近年は臨財債の発行が増加しています。

## 2 地方税

### 1 地方税の考え方

地方税は財源の中心です。税収が多い自治体、少ない自治体いろいろですが、基幹財源であることに違いありません。地方税は、地方自治体という公的（権力）機関が、「徴収に対する直接の反対給付としてではなく、公共サービスを提供するための資金を調達する目的で、法律に基づいて国民に賦課・徴収する金銭」のことをいいます。無償性、強制性、収入性を特徴としています。

**応能課税、応益課税について**

税金をどのようにして課税するのか古くから議論されてきました。これを租税原則といっています。租税の無償性、強制性、収入性を根

拠づけるものといえます。有名なものとしては18世紀後半のアダム・スミスの4原則や19世紀末にアドルフ・ワグナーが唱えた9原則などがあります。戦後はノイマルクやマスグレイブの6原則もあり、その後もさまざまな研究者が議論しています。

　租税原則の議論に関連して、応能課税か応益課税かという論争があります。納税義務者の税の負担は、担税力に応じたものでなければならないという**応能原則**（租税能力説）と、そうではなく公共サービスからの利益の大きさに応じたものであるべきだという**応益原則**（租税利益説）の考えがあります。応能課税では、税金は納税者の経済的負担能力に応じて課税すべきで、「お金持ちは高い税率を、貧しい人は低い税率で課税する」ことになります。税による所得再配分が期待されます。これに対して、応益原則は、公共サービスから得る利益に応じて課税すべきだと考えます。ですから、その人の経済力に関係なく課税されます。

　現実の租税体系は応能原則と応益原則とが混在しています。例えば国税の所得税は、応能原則により所得が多い人ほど税率が高くなる累進課税がとられていますが、住民税の個人所得割は一律10%（都道府県民税4%、市町村民税6%）の比例課税です。自治体による公共サービスの便益は地域的に限定されたものですから、便益を受けていることが分かりやすいという理由が根拠になっています。税源移譲の方法として行われたという積極的な意味はありますが。これによって住民税の応能性は薄められました。もちろん、国税の所得税まで含めます

---

1　アダム・スミスの4つの租税原則とは、①公平の原則、②明確の原則、③便宜の原則、④徴税費最少の原則をいいます。租税負担配分における応益的原則を提唱するとともに、租税の賦課に関する基準、徴収の手段と費用に関する基準を打ち出しています。また、ワグナーの9原則は、①課税の十分性、②課税の弾力性、③正しい税源の選択、④正しい税種の選択、⑤課税の普遍性、⑥課税の平等性、⑦課税の明確性、⑧納税の便宜性、⑨徴税費の節約、です。詳しくは重森暁・鶴田廣巳・植田和弘編『Basic 現代財政学』有斐閣ブックス、1998 年、149 ページ以下を参照。

と、所得に対する課税全体は累進的であることは保たれています。な
お、住民税均等割は住民1人あたりで税額が決められていて、応益原
則によるものといえます。

　住民税における応能・応益の原則については自治体そのものをどう
見るかというところにゆきつく問題です。財政の役割の一つである
「所得の再配分」を自治体も担うべきかという問題です。筆者は、地方
税にも応能原則が必要だと考えています。

## 2　地方税の体系と主な市町村税

　地方税は、地方税法という法律で詳しいことが決められています。
地方税法には、税目（税金の種目・名称）、納税義務者、課税客体（課
税の対象となる物件など）、課税標準、税率などが決められています。
このうち**課税標準**とは、税額計算の基礎になる課税物件（課税客体）
を数量または金額で表したものをいいます。例えば、住民税の所得割
なら前年中の所得金額、固定資産税なら土地や家屋の価格、入湯税な
ら入湯客数が課税標準になります。そして「**税額＝課税標準×税率**」
の算式で税額が計算されます。

　表4-1に国税を含めた日本の租税体系を示しました。表4-2と表4
-3には地方税の詳しい内容を示しました。

　市町村民税と都道府県民税とをあわせて住民税といいます。市町村
民税は市町村に居住する住民が、その自治体に納税するものです。納
税義務者が個人となる個人住民税と、法人となる法人住民税がありま
す。個人住民税は均等割と所得割に、法人住民税は均等割と法人税割
に分かれます。固定資産税は、土地、家屋および償却資産の価格に応
じて課税されます。話題のふるさと納税は地方税ではなく、寄付金の
一つです。

表4-1　日本の租税体系（2018年4月1日現在）

| 税の分類 | | | 税の名前（税目） |
|---|---|---|---|
| 地方税 | 道府県税 | 普通税 | 道府県民税、事業税、地方消費税、不動産取得税、道府県たばこ税、ゴルフ場利用税、自動車取得税、軽油引取税、自動車税、鉱区税、道府県法定外普通税、固定資産税（特例分） |
| | | 目的税 | 狩猟税、水利地益税、都道府県法定外目的税 |
| | 市町村税 | 普通税 | 市町村民税、固定資産税（固定資産等所在市町村交付金）、軽自動車税、市町村たばこ税、鉱産税、特別土地保有税、市町村法定外普通税 |
| | | 目的税 | 入湯税、事業所税、都市計画税、水利地益税、共同施設税、宅地開発税、国民健康保険税、市町村法定外目的税 |
| 国税 | | 普通税 | 所得税、法人税、相続税、地価税、贈与税、消費税、酒税、たばこ税、たばこ特別税、揮発油税、石油ガス税、航空機燃料税、石油石炭税、印紙税、自動車重量税、関税、登録免許税、とん税、地方法人特別税、地方法人税、地方揮発油税、特別とん税、国際観光旅客税（2019.1.7から） |
| | | 目的税 | 電源開発促進税、復興特別所得税 |

出所：総務省資料などより筆者作成。

表4-2　道府県税の概要（2018年度）

| 税　目 | 納税義務者 | 課税客体 | 課税標準 | 税　率 |
|---|---|---|---|---|
| 道府県民税（直） | 道府県内に住所を有する個人、道府県内に事務所等を有する法人等 | 左に同じ | 均等割（個人、法人）…定額課税 | 個人…1,000円（ただし、平成26年度から平成35年度まで1,500円）法人…2万円～80万円 |
| | | | 所得割（個人）…前年の所得 | 4/100（指定都市に住所を有する場合には、2/100）（分離課税が適用される所得に係る特例あり） |
| | | | 法人税割（法人）…法人税額又は個別帰属法人税額 | 3.2/100（1.0/100）※（　）内の税率は、平成31年10月1日以後に開始する事業年度から適用 |
| | | | 利子割（個人）…支払を受けるべき利子等の額 | 5/100 |
| | | | 配当割（個人）…支払を受ける一定の上場株式等に係る配当等の額 | 5/100 |
| | | | 株式等譲渡所得割（個人）…源泉徴収口座内の株式等の譲渡による所得 | 5/100 |

| | | | | |
|---|---|---|---|---|
| 事 業 税<br>（直） | 事業を行う個人、法人 | 個人、法人の行う事業 | 個人…前年の所得 | 3/100〜5/100 |
| | | | 法人…付加価値額、資本金等の額、所得又は収入金額 | 外形標準課税対象法人<br>　付加価値割　　　1.2/100<br>　資本割　　　　　0.5/100<br>　所得割　1.9/100〜3.6/100<br>　　　（0.3/100〜0.7/100）<br>所得課税法人<br>　所得割　5/100〜9.6/100<br>　　　（3.4/100〜6.7/100）<br>収入金額課税法人<br>　収入割　　　　　1.3/100<br>　　　　　　　（0.9/100）<br>※（　）内の税率は、地方法人特別税等に関する暫定措置法適用後のもの |
| 地方消費税<br>（間） | 譲渡割…課税資産の譲渡等（特定資産の譲渡等を除く）及び特定課税仕入れを行った事業者<br>貨物割…課税貨物を保税地域から引き取る者 | 譲渡割…事業者の行った課税資産の譲渡等（特定資産の譲渡等を除く）及び特定課税仕入れ<br>貨物割…課税貨物 | 譲渡割…課税資産の譲渡等（特定資産の譲渡等を除く）及び特定課税仕入れに係る消費税額から仕入れ等に係る消費税額等を控除した消費税額<br>貨物割…課税貨物に係る消費税額 | 17/63（消費税率換算1.7%）<br>（ただし、平成31年10月1日から22/78（消費税率換算2.2%）（軽減税率適用時は消費税率換算1.76%）） |
| 不 動 産<br>取 得 税<br>（間） | 不動産の取得者 | 不動産（土地又は家屋）の取得 | 取得した不動産の価格 | 4/100<br>（ただし、住宅及び土地は平成18年4月1日から平成33年3月31日まで3/100） |
| 道 府 県<br>たばこ税<br>（間） | 卸売販売業者等 | 売渡し等に係る製造たばこ | 製造たばこの本数 | （平成30年4月1日〜9月30日）<br>　　1,000本につき860円<br>（平成30年10月1日以降）<br>　　1,000本につき930円<br>旧3級品は、1,000本につき656円。<br>（ただし、旧3級品の特例税率は4段階で縮減・廃止等（平成28年4月1日）から平成31年10月1日） |
| ゴ ル フ 場<br>利 用 税<br>（間） | ゴルフ場の利用者 | ゴルフ場の利用 | | 1人1日につき800円（標準税率） |
| 自 動 車<br>取 得 税<br>（間） | 自動車の取得者 | 自動車の取得 | 自動車の取得価格 | 3/100<br>（ただし、営業用自動車及び軽自動車…2/100） |
| 軽油引取税<br>（間） | 現実の納入を伴う軽油の引取りを行う者 | 軽油の引取りで現実の納入を伴うもの | 軽油の数量 | 1kl につき15,000円<br>（ただし、当分の間、1kl につき32,100円） |
| 自動車税<br>（直） | 自動車の所有者 | 自動車 | | 例　自家用乗用車（1,000cc超 1,500cc以下）…年額34,500円 |

| 鉱　区　税<br>（直） | 鉱業権者 | 鉱区 | 鉱区の面積 | 例　砂鉱以外の採掘鉱区<br>100アールごとに年額<br>400円 |
|---|---|---|---|---|
| 固定資産税<br>（特例分等）<br>（直） | 大規模の償却資産の所有者 | 大規模の償却資産 | 市町村が課することができる固定資産税の課税標準となるべき額を超える部分の金額 | 1.4/100 |
| 狩　猟　税<br>（直） | 狩猟者の登録を受ける者 | 狩猟者の登録 | | 例　第一種銃猟免許に係る狩猟者の登録を受ける者につき16,500円 |
| 水利地益税<br>（直） | 水利に関する事業等により特に利益を受ける者 | 土地、家屋 | 価格又は面積 | 任意税率 |

(注) 1. 税目の欄中、（直）は直接税、（間）は間接税等である。
　　 2. 表中の税率等は、平成30年度税制改正によるものを含む。
出所：総務省地方税制度地方税の概要より筆者作成。

## 表4-3　市町村税の概要（2018年度）

| 税　目 | 納税義務者 | 課税客体 | 課税標準 | 税　率 |
|---|---|---|---|---|
| 市町村民税<br>（直） | 市町村内に住所を有する個人、市町村内に事務所等を有する法人等 | 左に同じ | 均等割（個人、法人）…定額課税 | 個人…3,000円<br>（ただし、平成26年度から平成35年度まで3,500円）<br>法人…5万円〜300万円 |
| | | | 所得割（個人）…前年の所得 | 6/100（指定都市に住所を有する場合には、8/100）<br>（分離課税が適用される所得に係る特例あり） |
| | | | 法人税割（法人）…法人税額又は個別帰属法人税額 | 9.7/100（6.0/100）<br>※（　）内の税率は、平成31年10月1日以後に開始する事業年度から適用 |
| 固定資産税<br>（直） | 固定資産の所有者 | 固定資産（土地、家屋、償却資産） | 価格 | 1.4/100 |
| 軽自動車税<br>（間） | 軽自動車等の所有者 | 原動機付自転車、軽自動車、小型特殊自動車及び二輪の小型自動車 | | 例　4輪以上の自家用軽乗用車…年額10,800円<br>（ただし、平成27年3月31日以前に初めて車両番号の指定を受けたものについては、年額7,200円を適用） |
| 市町村<br>たばこ税<br>（間） | 卸売販売業者等 | 売渡し等に係る製造たばこ | 製造たばこの本数 | （平成30年4月1日〜9月30日）<br>　1,000本につき5,262円<br>（平成30年10月1日以降）<br>　1,000本につき5,692円<br>旧3級品は、1,000本につき4,000円。<br>（ただし、旧3級品の特例税率 |

| | | | | は 4 段階で縮減・廃止等（平成 28 年 4 月 1 日から平成 31 年 10 月 1 日）） |
|---|---|---|---|---|
| 鉱　産　税 （直） | 鉱業者 | 鉱物の掘採の事業 | 鉱物の価格 | 1/100（標準税率） |
| 特 別 土 地 保 有 税 （直） | 土地の所有者又は取得者 | 土地の所有又は取得 | 土地の取得価額 | 土地に対する課税　1.4/100 土地の取得に対する課税 3/100 |
| | ※平成 15 年度以降は新たな課税は行っていない。 | | | |
| 入　湯　税 （間） | 入湯客 | 鉱泉浴場における入湯行為 | 入湯客数 | 1 人 1 日につき 150 円 |
| 事業所税 （直） | 事業所等において事業を行う者 | 事業 | 資産割…事業所床面積 | 1m² につき 600 円 |
| | | | 従業者割…従業者給与総額 | 0.25/100 |
| 都市計画税 （直） | 市街化区域等内に所在する土地、家屋の所有者 | 土地、家屋 | 価格 | 0.3/100（制限税率） |
| 水利地益税 （直） | 水利に関する事業等により特に利益を受ける者 | 土地、家屋 | 価格又は面積 | 任意税率 |
| 共同施設税 （直） | 共同施設により特に利益を受ける者 | 共同施設により特に利益を受けた事実 | 共同施設の利益状況を考慮して市町村が条例で定める | 任意税率 |
| 宅地開発税 （直） | 権原により宅地開発を行う者 | 市街化区域において行われる宅地開発 | 宅地の面積 | 任意税率 |

(注)　1.　税目の欄中、（直）は直接税、（間）は間接税等である。
　　　2.　表中の税率等は、平成 30 年度税制改正によるものを含む。

出所：総務省地方税制度地方税の概要より筆者作成。

## 地方税のいろいろな分け方

　地方税にはさまざまな種類があります。

　まず**普通税**と**目的税**との区分です。普通税とは、使い道が決められておらずに、一般経費に充てることができる税金のことです。これに対して目的税は、使い道が制限されている税金です。例えば、都市計画税は、都市計画事業や土地区画整理事業に使われる目的税です。また、鉱泉（温泉）浴場がある市町村が課税する入湯税は、環境衛生施設、温泉源の保護管理施設の整備などに充てる目的税です。

**直接税**と**間接税**という分類もあります。直接税は、納税義務者自身がその税を負担する担税者になると想定してつくられた税です。例えば、都道府県民税や固定資産税などがそうです。これに対して、納税義務者と実際の担税者が異なる税を間接税といっています。例えば、たばこ税は、地方税法上の納税義務者はたばこの卸売販売業者などですが、実際に負担しているのはたばこの購入者です。地方消費税も実際に税金を負担しているのは消費者で、間接税です。

　その他に**所得課税**、**消費課税**、**資産課税**などの区分もあります。

## 3　形だけの課税自主権

　地方自治法や地方税法を読むと、自治体には課税自主権があるように見えます。例えば、地方税法第3条には「地方団体は、その地方税の税目、課税客体、課税標準、税率その他賦課徴収について定をするには、当該地方団体の条例によらなければならない」と書かれていて、条例で決めれば自主的に課税できるように思えます。確かに、地方税法にない法定外税をつくっている自治体があります（表4-4）。また、自治体が財政上その他の必要があるときは通常の税率（標準税率[*2]）を超えて超過課税をすることもできます。

　**法定税**と**法定外税**との分類があります。ここでいう「法」は地方税法のことです。法定税とは地方税法に税目が定められている税で、それ以外が法定外税です。法定外税は、特別の事情がある場合などに自治体が条例で決めて課税することができますが、あらかじめ総務大臣と協議し、同意を得なくてはなりません。

　北九州市は産業廃棄物の中間処理（破砕、脱水、焼却、中和など）

---

　2　地方税法では、税率について、標準税率、制限税率、一定税率の3つを定めています。また、特定の税目には任意に税率を定めることができるようにしています。標準税率とは、通常よるべき税率のことです。ただ自治体が、財政上必要がある場合は別の税率を定めることもできます。

表4−4　法定外税の例（2016年度）

| 税　目 | | | 自治体名 |
|---|---|---|---|
| 都道府県 | 普通税 | 石油価格調整税 | 沖縄 |
| | | 核燃料税 | 福井、愛媛、佐賀、島根、静岡、鹿児島、宮城、新潟、北海道、石川 |
| | | 核燃料等取扱税 | 茨城 |
| | | 核燃料物質等取扱税 | 青森 |
| | 目的税 | 産業廃棄物税 | 三重、青森、岩手、秋田、滋賀、奈良、山口、新潟、京都、宮城、福岡、佐賀、長崎、大分、鹿児島、宮崎、熊本、福島、愛知、沖縄、山形 |
| | | 産業廃棄物処理税 | 岡山 |
| | | 産業廃棄物埋立税 | 広島 |
| | | 産業廃棄物処分場税 | 鳥取 |
| | | 産業廃棄物減量税 | 島根 |
| | | 循環資源利用促進税 | 北海道 |
| | | 資源循環促進税 | 愛媛 |
| | | 宿泊税 | 東京、大阪 |
| | | 乗鞍環境保全税 | 岐阜 |
| 市区町村 | 普通税 | 砂利採取税 | 山北町（神奈川県） |
| | | 別荘等所有税 | 熱海市（静岡県） |
| | | 歴史と文化の環境税 | 太宰府市（福岡県） |
| | | 使用済核燃料税 | 薩摩川内市（鹿児島県）、伊方町（愛媛県） |
| | | 狭小住戸集合住宅税 | 豊島区（東京都） |
| | | 空港連絡橋利用税 | 泉佐野市（大阪府） |
| | 目的税 | 遊漁税 | 富士河口湖町（山梨県） |
| | | 環境未来税 | 北九州市（福岡県） |
| | | 使用済核燃料税 | 柏崎市（新潟県）、玄海町（佐賀県） |
| | | 環境協力税 | 伊是名村、伊平屋村、渡嘉敷村、座間味村（いずれも沖縄県） |
| | | 開発事業等緑化負担税 | 箕面市（大阪府） |

出所：総務省資料より筆者作成。

表4-5　超過課税の実施状況（2016年度決算）

○道府県税

| 道府県民税 | 個人均等割 | （37団体） | 238.8億円 |
| | 所 得 割 | （1団体） | 26.1億円 |
| | 法人均等割 | （35団体） | 103.1億円 |
| | 法 人 税 割 | （46団体） | 1,182.0億円 |
| 法 人 事 業 税 | | （8団体） | 1,600.2億円 |
| 道府県税計 | | | 3,150.2億円 |

○市町村税

| 市町村民税 | 個人均等割 | （2団体） | 16.8億円 |
| | 所 得 割 | （2団体） | 0.7億円 |
| | 法人均等割 | （388団体） | 163.6億円 |
| | 法 人 税 割 | （997団体） | 2,827.7億円 |
| 固 定 資 産 税 | | （153団体） | 351.2億円 |
| 軽 自 動 車 税 | | （1団体） | 4.3億円 |
| 鉱 産 税 | | （31団体） | 9百万円 |
| 入 湯 税 | | （3団体） | 22百万円 |
| 市町村税計 | | | 3,364.6億円 |

| 超過課税合計 | | | 6,514.8億円 |

※地方法人二税の占める割合：90.2%
（注）表中における団体数は、平成28年4月1日現在。
出所：総務省資料より筆者作成。

を課税対象に環境未来税を課税しています。新潟県柏崎市、鹿児島県薩摩川内市（せんだい）などでは、発電用原子炉から取り出した使用済核燃料を保管・貯蔵するものに対し課税しています。大阪府箕面市（みのお）では、良好な自然環境や住環境などの都市環境を将来にわたって守り、魅力を向上させるため、開発行為等を行う事業者を対象に開発事業等緑化負担税を課税しています。箕面市は、年間約3000万円の税収を見込み、基金に積み立て、市が行う森林整備、市街地緑化、農地保全に関する事業や山林所有者・市民による里山保全活動への助成などに活用します。東京都豊島区には狭小住戸集合住宅税（通称、ワンルームマンション税）があります。面積が30m$^2$未満の住戸が9戸以上ある集合住宅に課税されます。狭小な住戸を有する集合住宅の建設を抑制し、ゆとりある住環境を実現するために設けられた法定外普通税です。

　また、全国の自治体で超過課税をしているのは表4-5のとおりで、超過課税の規模（2016年度決算）は総額6514億円、都道府県で3150

億円、市町村で3364億円になります。水利地益税のように税率を自治体が任意に決めてよい任意税率もあります。

さらに不均一課税とか課税免除もできます。不均一課税とは、課税標準や標準税率などを一律にしない方がよい場合に行われます。公益上その他の理由で課税するのが不適当な時には課税免除することも認められています。不均一課税や課税免除は、市町村合併のときに認められたことがあり、注目されました。

しかし、これらの課税自主権もほとんどは総務大臣の同意が必要ですし、標準税率よりも低い税率をかけたりしますと、起債の同意が得られないこともあります。課税自主権は形だけというのが実態です。

## 3　地方交付税のしくみ

### 1　地方財政調整制度と地方交付税

国と自治体の間を行政事務や財源が行き来しています。こうしたシステムを地方財政調整制度といっています。なかでも地方交付税や国庫支出金といった国から自治体に対して交付される広義の「補助金」は重要な役割を果たしています。

財政調整制度における「補助金」は、①使途が特定されない一般補助金と、②使途が特定される特定補助金に分かれます。日本では、①が地方交付税や地方譲与税にあたり、②は国庫補助金などがそれにあたります。

地域経済の発展は均等ではありません。都市と農村との経済格差は地域間の税収格差となります。図4-3を見ますと、東京都・愛知県・神奈川県・大阪府は人口一人あたりの税収が大きく、沖縄県など九州各県はとくに小さくなっています。税収が少なく財政力が弱い自治体

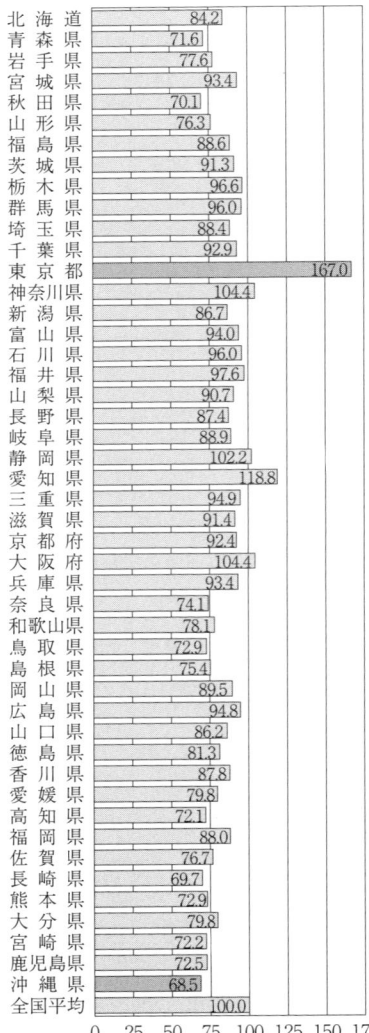

**図4-3** 人口一人あたりの税収額の指数（2016年度決算額）

| 都道府県 | 指数 |
|---|---|
| 北海道 | 84.2 |
| 青森県 | 71.6 |
| 岩手県 | 77.6 |
| 宮城県 | 93.4 |
| 秋田県 | 70.1 |
| 山形県 | 76.3 |
| 福島県 | 88.6 |
| 茨城県 | 91.3 |
| 栃木県 | 96.6 |
| 群馬県 | 96.0 |
| 埼玉県 | 88.4 |
| 千葉県 | 92.9 |
| 東京都 | 167.0 |
| 神奈川県 | 104.4 |
| 新潟県 | 86.7 |
| 富山県 | 94.0 |
| 石川県 | 96.0 |
| 福井県 | 97.6 |
| 山梨県 | 90.7 |
| 長野県 | 87.4 |
| 岐阜県 | 88.9 |
| 静岡県 | 102.2 |
| 愛知県 | 118.8 |
| 三重県 | 94.9 |
| 滋賀県 | 91.4 |
| 京都府 | 92.4 |
| 大阪府 | 104.4 |
| 兵庫県 | 93.4 |
| 奈良県 | 74.1 |
| 和歌山県 | 78.1 |
| 鳥取県 | 72.9 |
| 島根県 | 75.4 |
| 岡山県 | 89.5 |
| 広島県 | 94.8 |
| 山口県 | 86.2 |
| 徳島県 | 81.3 |
| 香川県 | 87.8 |
| 愛媛県 | 79.8 |
| 高知県 | 72.1 |
| 福岡県 | 88.0 |
| 佐賀県 | 76.7 |
| 長崎県 | 69.7 |
| 熊本県 | 72.9 |
| 大分県 | 79.8 |
| 宮崎県 | 72.2 |
| 鹿児島県 | 72.5 |
| 沖縄県 | 68.5 |
| 全国平均 | 100.0 |

0　25　50　75　100　125　150　175

出所：総務省『地方財政白書』平成30年版ビジュアル版。

では、自前の税収だけでは一定水準の行政を実行できなくなる心配があります。そこで不足財源を保障するために地方交付税が自治体に交付されています。そのため、地方交付税は、「国が地方に代わって徴収する地方税」であり、「自治体の固有財源」（2005年2月15日衆議院本会議での小泉純一郎首相の答弁）といわれます。

### 地方交付税の役割

　地方交付税は、国が徴収した国税（所得税、法人税、酒税、消費税）の一部と地方法人税の全額が自治体に配分されます。地方交付税は、どの地域に住む国民でも一定の行政サービスが受けられるように財源を保障（**財源保障機能**）し、自治体間の財源の不均衡を調整（**財源調整機能**）するという二つの働きをしています。財源保障機能を垂直的財政調整といい、財源調整機能を水平的財政調整ともいいます。

　国から交付された地方交付税はその使い道が自治体の裁量に任されます。このような財源を**一般財源**とい

います。逆に使い道が決められている財源を**特定財源**といいます。

　地方財政の教科書には地方交付税の財源は国税 5 税の一定割合と書かれています。確かに、地方交付税は所得税の 33.1％、法人税の 33.1％、酒税の 50％、消費税の 22.3％、地方法人税の全額（これらを法定率分という）が総額となります。しかし、実際にはこれを上回る額が地方交付税として**地方財政計画**（以下、地財計画）に計上されています。この点は後ほど説明します。

　地方交付税には**普通交付税**と**特別交付税**の 2 種類あります。普通交付税は財源が不足する自治体に対して交付されるもので、地方交付税本来の働きをします。特別交付税は災害対策費など、普通交付税ではとらえられない特別の財政需要に対して交付されます。普通交付税額は地方交付税総額の 94％、特別交付税は 6％ の割合で配分されます（地方交付税法第 6 条）。ただ、国は、特別交付税の割合を 2014 年度は5％、2015 年度以降は 4％ に引き下げる法改正を提出しましたが、見送られ、その後も 6％ が維持されています。2016 年度に実際に配分された特別交付税は総額の 6％ ですが、他に震災復興特別交付税が 3％あります。普通交付税の割合は 91％ にすぎません。

## 2　マクロの財源保障

　地方交付税は自治体財政のしくみのなかでもっとも難しいしくみといえそうです。地方交付税の決まり方が複雑だからです。

　地方交付税はまず全国の総額（マクロの交付税額）が決まり、その後に個別自治体の交付税額（ミクロの交付税額）が決まります。交付税総額（マクロ）は、個別の地方交付税（ミクロ）を積み上げたものではありません。マクロの総額がミクロにどう配分されるのか、こういう関係を理解することが大切です。

## マクロの地方交付税額の決まり方

　各年度のマクロの交付税総額は自治体の予算編成に先立ってつくられます。国の予算づくりのなかで作られる地財計画で決まります。これに対して個々の自治体のミクロの交付税額は、後で述べる計算式で決まります。つまり、マクロ額はミクロ額を積み上げて決まるのではなく、逆に自治体は、マクロの交付税額がどのようにミクロに配分されるのか予測しながら新年度予算を編成します。

　図4-4をご覧ください。国と地方との財政関係（2018年度当初予算）を示しています。この図は大きく3つに分かれています。左端2本の長い棒グラフは国の一般会計で、左が歳入、右が歳出です。右端2本は地財計画で、左が歳入、右が歳出です。地財計画は実際の自治体の予算ではなく、国が決めた地方財政の見積もりであって、自治体の予算編成の指針といえます。国はこれによって自治体を誘導してゆきます。

　図の真ん中にある2本の短い棒グラフは、国の「交付税および譲与税配付金特別会計」（略称、交付税特会）です。地方交付税は国の一般会計から自治体に直接交付されるのではなく、いったん交付税特会に繰り入れられ、交付税特会から自治体に交付されるという経路をたどります。国の一般会計から交付税特会へわたる交付税を「入口ベース」といい、交付税特会から地財計画への移転を「出口ベース」とよんでいます。入口ベースの大きさは国税5税の一定割合で決まり、出口ベースは政府の自治体政策の大きさの影響を受けます。2018年度では入口ベースが15.5兆円、出口ベースが16.0兆円です。

　最近は、地方財政計画が圧縮されていますので、入口ベースと出口ベースの差があまり大きくありません。しかし、以前はこの差が大きく、例えば2000（平成12）年度では、入口ベース14.9兆円にたいし出口ベースは22.3兆円でした。この差額を国の交付税特会が借金をし

て穴埋めし、後年度の交付税から返済するという自転車操業をしていました。後ほど説明しますが、この結果、交付税特会の借入金が大きくなってきました。臨財債が始まったのにはこうした理由がありました。

### 地財計画（歳出）の作られ方

　国の一般会計が作られるなかで、自治体の事務事業の内容と規模が決まります。それが地財計画の歳出額（**図４−４**の一番右端）で、2018年度は 86.9 兆円でした。主なものとしては給与関係経費、一般行政経費、投資的経費、公債費の４つあります。

　**給与関係経費** 20.3 兆円は自治体職員の人員と給与額で決まります。とはいっても実際の数値ではなく、国が定めた計画数値です。職員数や給与が国の計画より多い自治体は国の計画数値を超えた分は自らの負担になります。

　次に**一般行政（経常的）経費**と**投資的経費**が決まります。これらは補助事業と単独事業に分かれます。**補助事業**とは自治体が国から補助金・負担金を受けて行う事務事業のことです。国家予算が決まるなかで補助事業費も決まり、それをもとに国から支出される国庫支出金が確定します。**単独事業**とは国からの補助金がなく、財源はすべて自治体の負担です。単独事業費は、社会保障、教育、環境対策、産業振興、防災などの事業のうち補助事業でない事業を国が計画枠として確定するものです。こうして一般行政経費 37.1 兆円や投資的経費 11.6 兆円が決まります。これらにさきの給与関係経費や維持補修費などを含めて地方一般歳出 71.3 兆円が決まります。

　さらに公債費等 13.8 兆円、水準超経費 1.8 兆円などを加えて地財計画の歳出額 86.9 兆円が確定します。

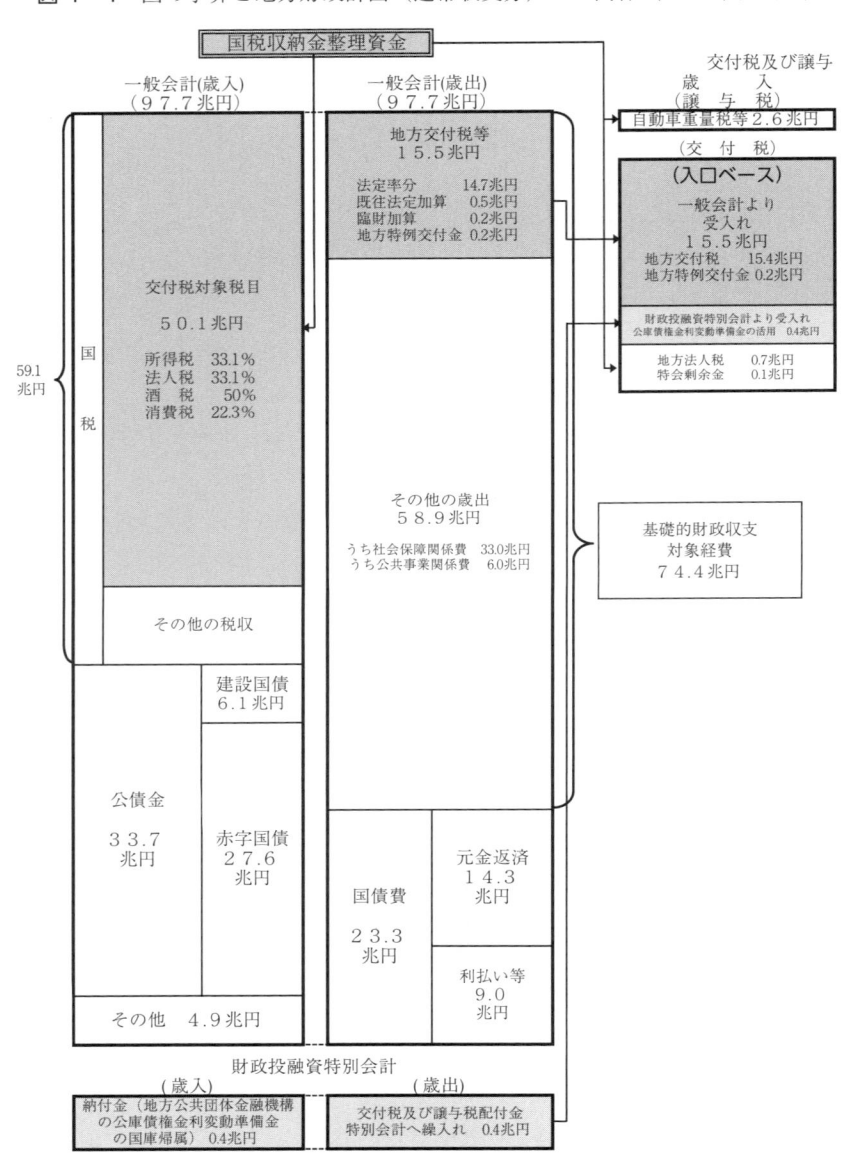

図4—4　国の予算と地方財政計画（通常収支分）との関係（2018年度当初）

国税収納金整理資金

一般会計(歳入)
（９７.７兆円）

一般会計(歳出)
（９７.７兆円）

交付税及び譲与
歳　入
（譲　与　税）

自動車重量税等２.６兆円

（交　付　税）

地方交付税等
１５.５兆円

法定率分　　14.7兆円
既往法定加算　0.5兆円
臨財加算　　0.2兆円
地方特例交付金 0.2兆円

国税

59.1
兆円

交付税対象税目

５０.１兆円

所得税　33.1%
法人税　33.1%
酒　税　50%
消費税　22.3%

（入口ベース）

一般会計より
受入れ
１５.５兆円

地方交付税　　15.4兆円
地方特例交付金 0.2兆円

財政投融資特別会計より受入れ
公庫債権金利変動準備金の活用　0.4兆円

地方法人税　　0.7兆円
特会剰余金　　0.1兆円

その他の歳出
５８.９兆円

うち社会保障関係費　33.0兆円
うち公共事業関係費　6.0兆円

基礎的財政収支
対象経費
７４.４兆円

その他の税収

建設国債
6.1兆円

公債金

３３.７
兆円

赤字国債
２７.６
兆円

国債費

２３.３
兆円

元金返済
１４.３
兆円

利払い等
9.0
兆円

その他　4.9兆円

財政投融資特別会計

（歳入）

納付金（地方公共団体金融機構
の公庫債権金利変動準備金
の国庫帰属）0.4兆円

（歳出）

交付税及び譲与税配付金
特別会計へ繰入れ　0.4兆円

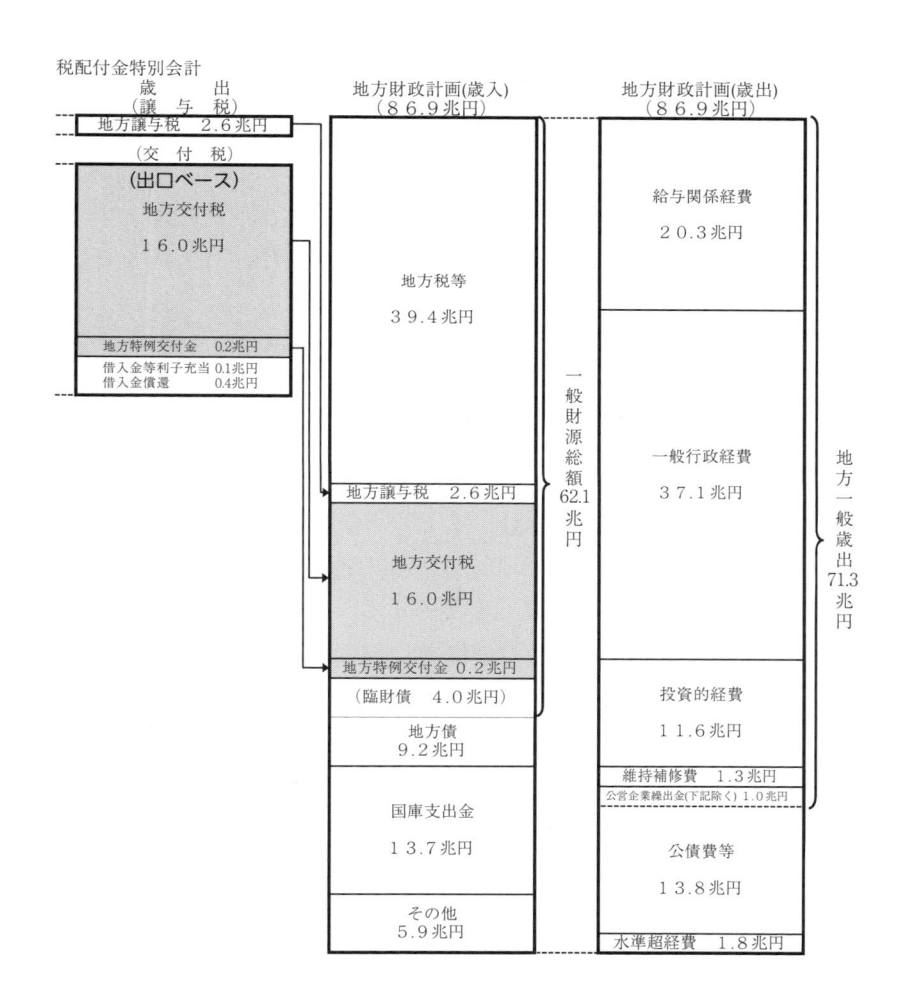

※表示未満四捨五入の関係で、合計が一致しない箇所がある。
出所：総務省地方財政関係資料。

### 地財計画（歳入）の作られ方

　次にここに財源を当てはめてゆきます。まず、経済動向や地方税制の改正などを踏まえて地方税等を 39.4 兆円、地方譲与税 2.6 兆円を見込みます。ここでは、経済成長率などの予測が重要です。次に、国家予算で見込まれた国庫支出金 13.7 兆円などを充当します。また、投資的経費の規模と起債充当率などから地方債の発行額を確定します。地方債は最終的に臨時財政対策債などを除いた通常債 4.4 兆円を見込みます。さらに、地方特例交付金、使用料・手数料、諸収入など 5.9 兆円を充てていきますが、それでも 21 兆円近くが不足します。

### 地方交付税の財源確保の方法

　この不足額に、国税 5 税の法定率分の地方交付税 14.7 兆円を充当し、最終的に不足額が 6.2 兆円となりました。これが、「**地方財政（全体）の財源不足**」といっているものです。この補塡をどうするのかが難問で、財務省と総務省とが折衝して決めます。2018 年度の地財計画ではこれを臨財債 4.0 兆円、財源対策債 0.8 兆円、その他 1.4 兆円などで補塡しています。

　このようにして交付税の総額は、個別自治体の予算編成とは別に地財計画のなかで決まります。よく「交付税措置」するといわれますが、個々の自治体で財源が本当に確保されているのか疑わしいのはこういう地方交付税の決まり方に原因があると私は考えています。

## 3　ミクロの財源保障（自治体での地方交付税額の計算方法）

　地財計画で決まったマクロの交付税は、個々の自治体に配分されるという形になります。これがミクロの財源保障です。図 4−5 は個々の自治体に交付される額の計算のしくみです。地方交付税を理解するための大切な関係図です。

図４−５　地方交付税の関係図

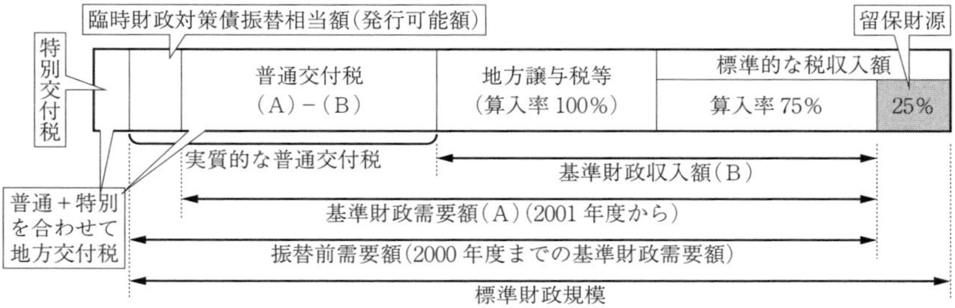

出所：筆者作成。

**［普通交付税額の計算］**

　普通交付税額は次の計算を経て確定されます。

　個別自治体の交付税額は、**基準財政需要額**(A)と**基準財政収入額**(B)とを比べ、(A)が大きければ「A − B」が個別自治体の財源不足額として普通交付税額となります。

> 　普通交付税額＝基準財政需要額(A)−基準財政収入額(B)

**［基準財政収入額の計算］**

　基準財政収入額(B)は、自治体が標準的な状態で徴収される税収入などの見込み額です。次のように計算します。

> 　基準財政収入額(B)
> 　　＝標準的な地方税収入額×75％＋地方譲与税等（100％）

　計算式のうち「標準的な地方税収入額」とは、法定普通税を標準税率で課税したときの収入見込額で、自動車取得税交付金などの税交付金も含まれます。その75％が基準財政収入額として計算されます。この75％を**基準税率**といい、残り25％を**留保財源**といいます。**留保財源**は、基準財政需要額だけでは捕捉できない自治体の財政需要に充て

るためです。*3 これによって自治体が地方税の税源涵養への意欲を失わせないこと、自治体の自主性、独立性を保障することを目的にしています。

　また、計算式のうち「地方譲与税等」とは、地方譲与税や交通安全対策特別交付金などのことです。地方譲与税等は全額が基準財政収入額に含まれます。

　基準財政収入額で計算される地方税収入額等は実際の税収入額とは異なります。基準財政収入額には超過課税は含まれません。徴収率が決められていて、例えば住民税個人分や固定資産税は98.2%と設定されています。徴収率がこれより低い自治体は「損をします」。

### 基準財政需要額の計算の第 1 段階

　次に基準財政需要額(A)を計算します。少し難しい計算になります。第一段階は下記の計算式で計算します。

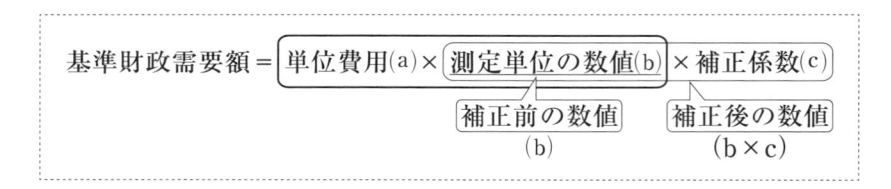

　基準財政需要額は「経費の種類等」ごとに計算し、それらを総合計したのが、その自治体の基準財政需要額となります。

　「経費の種類等」は、表4−6のとおり、①個別算定経費（消防費、土木費、教育費、公債費や地方債元利償還金など）と、②包括算定経費（自治体の人口・面積）に分かれています。「経費の種類等」ごとに**測定単位**が定められています。例えば、消防費では自治体の人口、小学

---

**表4-6**　地方交付税市町村分　経費の種類・測定単位・単位費用（2018年度）

①　個別算定経費

（単位：円）

| 経費の種類と測定単位 | | | 平成30年度<br>単位費用<br>（A） |
|---|---|---|---|
| 経費の種類 | 測定単位 | | |
| 一　消　防　費 | 人　　　口 | | 11,300 |
| 二　土　木　費 | | | |
| 　1　道路橋りょう費 | 道　路　の　面　積 | | 71,700 |
| | 道　路　の　延　長 | | 194,000 |
| 　2　港　湾　費 | 港湾 | 係留施設の延長 | 27,200 |
| | | 外郭施設の延長 | 6,140 |
| | 漁港 | 係留施設の延長 | 10,400 |
| | | 外郭施設の延長 | 4,310 |
| 　3　都市計画費 | 都市計画区域における人口 | | 988 |
| 　4　公　園　費 | 人　　　口 | | 530 |
| | 都市公園の面積 | | 36,300 |
| 　5　下　水　道　費 | 人　　　口 | | 94 |
| 　6　その他の土木費 | 人　　　口 | | 1,620 |
| 三　教　育　費 | | | |
| 　1　小　学　校　費 | 児　童　数 | | 43,000 |
| | 学　級　数 | | 890,000 |
| | 学　校　数 | | 9,479,000 |
| 　2　中　学　校　費 | 生　徒　数 | | 40,600 |
| | 学　級　数 | | 1,097,000 |
| | 学　校　数 | | 8,691,000 |
| 　3　高等学校費 | 教　職　員　数 | | 6,558,000 |
| | 生　徒　数 | | 70,300 |
| 　4　その他の教育費 | 人　　　口 | | 5,220 |
| | 幼稚園等の小学校就学前子どもの数 | | 386,000 |
| 四　厚　生　費 | | | |
| 　1　生活保護費 | 市　部　人　口 | | 9,440 |
| 　2　社会福祉費 | 人　　　口 | | 23,400 |
| 　3　保健衛生費 | 人　　　口 | | 7,860 |
| 　4　高齢者保健福祉費 | 65歳以上人口 | | 65,600 |
| | 75歳以上人口 | | 83,800 |
| 　5　清　掃　費 | 人　　　口 | | 5,020 |
| 五　産業経済費 | | | |
| 　1　農業行政費 | 農　家　数 | | 84,300 |
| 　2　林野水産行政費 | 林業及び水産業の従業者数 | | 285,000 |
| 　3　商工行政費 | 人　　　口 | | 1,310 |

| 六 | 総 務 費 | | |
|---|---|---|---|
| | 1 徴 税 費 | 世 帯 数 | 4,610 |
| | 2 戸籍住民基本台帳費 | 戸 籍 数 | 1,170 |
| | | 世 帯 数 | 2,080 |
| | 3 地 域 振 興 費 | 人 口 | 1,830 |
| | | 面 積 | 1,039,000 |
| 七 | 地域経済・雇用対策費 | 人 口 | — |
| 八 | 地域の元気創造事業費 | 人 口 | 2,530 |
| 九 | 人口減少等特別対策事業費 | 人 口 | 3,400 |
| 十 | 公 債 費 | 「公債費の内訳」参照 | |

② 包括算定経費

(単位：円)

| 区　　　　　　分 | 平成 30 年度 単位費用 (A) |
|---|---|
| 人口 | 17,500 |
| 面積 | 2,343,000 |

③ 公債費の内訳

(単位：円)

| 区　　　　　　分 | | 平成 30 年度 単位費用 (A) |
|---|---|---|
| 1 災害復旧費 | | 950 |
| 2 辺地対策事業債償還費 | | 800 |
| 3 補正予算債償還費 | 平成 10 年度以前許可債に係るもの | 800 |
| | 平成 11 年度以降同意（許可）債に係るもの | 54 |
| 4 地方税減収補塡債償還費 | | 24 |
| 5 臨時財政特例債償還費 | | 28 |
| 6 財源対策債償還費 | | 22 |
| 7 減税補塡債償還費 | | 62 |
| 8 臨時税収補塡債償還費 | | 21 |
| 9 臨時財政対策債償還費 | | 63 |
| 10 東日本大震災全国緊急防災施策等債償還費 | | 103 |
| 11 地域改善対策特定事業債等償還費 | | 800 |
| 12 過疎対策事業債償還費 | | 700 |
| 13 公害防止事業債償還費 | | 500 |
| 14 石油コンビナート等債償還費 | | 500 |
| 15 地震対策緊急整備事業債償還費 | | 500 |
| 16 合併特例債償還費 | | 700 |
| 17 原子力発電施設等立地地域振興債償還費 | | 700 |

出所：総務省「平成 30 年度地方交付税関係参考資料」より筆者作成。

校費なら児童数・学級数・学校数が測定単位です。「**測定単位の数値
(b)**」とはその数値です。

　測定単位ごとに単価が決められています。「**単位費用**」といいます
（**表4-6**）。例えば消防費では人口1人あたり1万1300円で、小学校
費児童1人あたり4万3000円と定められています。(a)×(b)×(c)によっ
て消防費の基準財政需要額が計算できます。

**包括算定経費とは何？**

　基準財政需要額の計算はたいへん複雑ですから、簡素化する考えと
動きは以前からありました。2007年度にその方法として自治体の人口
と面積で計算する方法が新たに導入され、包括算定経費としました。

　それまであった投資的経費のほとんどは廃止され、経常経費を個別
算定経費に集約しました。こうして現在、基準財政需要額は①個別算
定経費と②包括算定経費に大別されています。包括算定経費になった
基準財政需要額（公債費を除き）は全体の約1割（12％）です。

　2018年度の包括算定経費の基準財政需要額の計算方法は次の通りで
す。

> **包括算定経費**
> 　**＝人口分の基準財政需要額＋面積分の基準財政需要額**

　人口分＝単位費用（17,500円）×人口の段階補正係数
　　　　　※人口が少ない自治体ほど段階補正係数が大きい。
　　　　　　補正係数については後述。
　面積分＝単位費用（2,343,000円）×種別補正係数
　　　　　※面積が「宅地＞田畑＞森林＞その他」の順に広い自治
　　　　　　体ほど種別補正係数が大きい

図 4-6 人口と段階補正係数

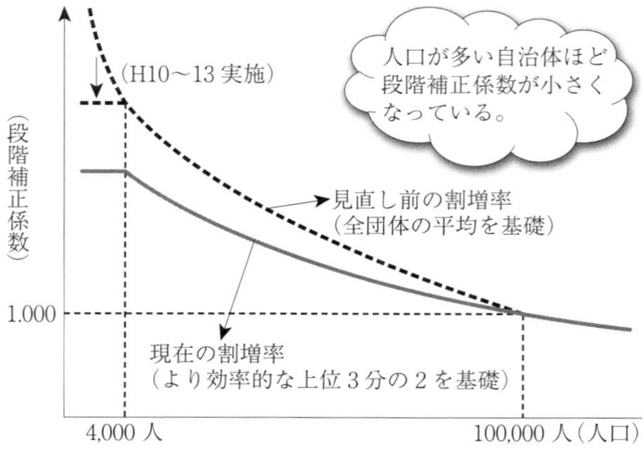

（H10〜13 実施）

人口が多い自治体ほど段階補正係数が小さくなっている。

（段階補正係数）

見直し前の割増率
（全団体の平均を基礎）

1.000

現在の割増率
（より効率的な上位 3 分の 2 を基礎）

4,000 人　　　　　100,000 人（人口）

出所：総務省資料。

## 標準団体と自分の自治体の違いを反映する補正

　単位費用(a)は、人口 10 万人（都道府県では 170 万人）を基準に決められています。しかし、それだけでは人口の多い自治体、少ない自治体などの事情が考慮されません。また、指定都市や中核市では都道府県の事務の一部を行っていますから、一般の市町村よりも経費は多くかかります。そうした自治体のさまざまな事情を調整することが必要で、それを補正といい、その調整率を**補正係数**(c)といいます。

　例えば人口の規模を調整する係数を段階補正係数といいます。小規模自治体では人口 1 人あたり行政経費は多額になりますから、段階補正係数は大きくなります。

　そこで交付税の計算では、市町村では人口 10 万人、都道府県では170 万人を基準（標準団体）にして、この**標準団体**を 1.000 として、人口が少ない自治体は 1.000 以上に、人口が多い自治体は 1.000 以下になるように補正します。そのイメージ図が**図 4-6** です。

　補正にはさまざまなものがあります（**表 4-7**）。生活保護の場合、人

表4-7　補正の種類（2017年度）

| 種　類 | 内　　容 | 例 |
|---|---|---|
| 種　別　補　正 | 測定単位に種別があり、かつ、その種別ごとに単位当たり費用に差があるものについて、その種別ごとの単位当たり費用の差に応じて当該測定単位の数値を補正するもの。 | 港湾費<br>（港湾の種別による経費の差） |
| 段　階　補　正 | 測定単位の数値の多少による段階に応じて単位当たり費用が割安又は割高になるものについて、その段階ごとの単位費用の差に応じて当該測定単位の数値を補正するもの。 | 包括算定経費<br>（人口規模による段階ごとの経費の差） |
| 密　度　補　正 | 　測定単位の数値が同じであっても、人口密度等の大小に応じて単位当たり費用が割安又は割高になるものについて、当該測定単位の数値を補正するもの。<br>①人口密度、自動車の交通量等を密度とする<br>②介護サービス受給者、被保護者数等の測定単位の数値に対する割合を密度とする | ①消防費<br>（人口密度（面積）に応じた経費の差）<br>②高齢者保健福祉費（65歳以上人口）<br>（介護給付費負担金等に係る経費の差） |
| 態　容　補　正 | 都市化の程度、法令上の行政機能、公共施設の整備状況等、地方団体の「態容」に応じて単位当たり費用が割高又は割安となるものについて、その態容に応じて測定単位を補正するもの。<br>①普通態容補正<br>　ア　行政の質量差によるもの<br>　　・都市化の度合いによるもの<br>　　・隔遠の度合によるもの<br>　　・農林業地域の度合いによるもの<br>　イ　給与差によるもの<br>　ウ　行政権能差によるもの<br>②経常態容補正<br>③投資態容補正<br>　ア　投資補正<br>　イ　事業費補正 | ①ア　消防費<br>　　（消防力の水準の差）<br>　イ　地域振興費（人口）<br>　ウ　保健衛生費<br>　　（保健所設置市とその他の市との差）<br>②小・中学校費<br>　（平均給与費の差）<br>③ア　道路橋りょう費<br>　　（未整備延長比率等による改築経費の必要度の差）<br>　イ　小・中学校費<br>　　（学校教育施設等整備事業債の元利償還金） |
| 寒　冷　補　正 | 寒冷・積雪地域の度合いによって経費が割高となるものについて、寒冷・積雪の度合いに応じて測定単位の数値を補正するもの。<br>①給与差　②寒冷度　③積雪度 | 小・中学校費<br>①寒冷地手当の差<br>②暖房費の差<br>③除雪経費の差 |
| 数値急増補正<br>数値急減補正 | ①数値急増補正<br>②数値急減補正 | ①地域振興費（人口）<br>高齢者保健福祉費（65 |

| | | |
|---|---|---|
| | | 歳・75歳以上人口）<br>②農業行政費（農家数）<br>　地域振興費（人口） |
| 財政力補正 | 地方債の元利償還金を算入する際に、償還額の標準財政収入額に対する割合の高い団体について算入率を引き上げるもの。現在の対象は単独災害復旧事業債及び小災害債のみ。 | 災害復旧費<br>（単独災害復旧事業債及び小災害債（公共土木施設等分）） |
| 合併補正 | 合併市町村においては、合併後は、各種の施設を整備しなければならず、また、行政の一体化に要する経費や行政水準・住民負担水準の格差是正など、財政需要が増加するので、これを算入するために適用されていた補正である。平成21年度限りで廃止され、経過措置として残っている。 | 地域振興費<br>（人口） |

出所：地方交付税制度研究会編『平成30年度地方交付税のあらまし』地方財務協会、2018年5月、
　　　29～30ページを筆者加筆。

口が同じ市でも保護率が高い市と少ない市とがあります。この場合には、密度補正によって、保護率の高い自治体には基準財政需要額が多くなるように計算されています。

### 基準財政需要額の計算の第2段階

　基準財政需要額計算の第2段階は、第1段階で算出した基準財政需要額から**臨時財政対策債（臨財債）発行可能額**を控除します。こうして2001年度からは基準財政需要額が臨財債発行可能額控除後の額となり、本来のものは**振替前需要額**とよぶようになりました。もう一度図4-5で確認してください。

第2段階の基準財政需要額
＝第1段階の基準財政需要額（振替前需要額）－臨財債発行可能額

図4-7　臨時財政対策債のイメージ

【交付税特別会計借入金による対応：2000 年度まで】

○財源不足を交付税特別会計借入金により措置し、その償還をそれぞれ国と地方が折半して負担。

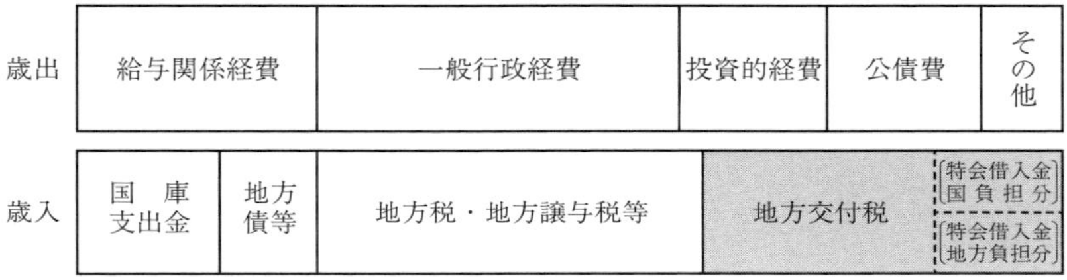

| 歳出 | 給与関係経費 | | 一般行政経費 | 投資的経費 | 公債費 | その他 |
|---|---|---|---|---|---|---|
| 歳入 | 国庫支出金 | 地方債等 | 地方税・地方譲与税等 | 地方交付税 | | 特会借入金国負担分<br>特会借入金地方負担分 |

【臨時財政対策債による対応：2001 年度以降】

○国と地方の責任分担の更なる明確化、国と地方を通ずる財政の一層の透明化等を図るため、地方負担分については「臨時財政対策債」により補塡。

| 歳入 | 国庫支出金 | 地方債等 | 地方税・地方譲与税等 | 地方交付税 | | 臨時財政対策加算<br>臨時財政対策債（折半分） |
|---|---|---|---|---|---|---|

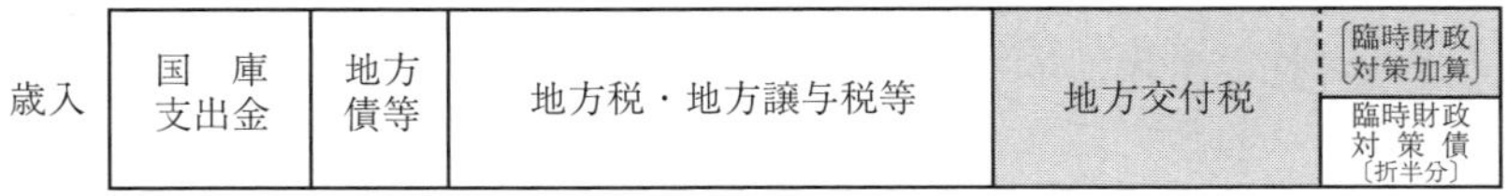

出所：地方交付税制度研究会編『平成 30 年度地方交付税のあらまし』地方財務協会、2018 年 5 月、
　　　75 ページ。

## 臨時財政対策債の誕生

　この控除は 2001 年度に始まりました。実はそれ以前から毎年度地方財政には財源不足が生じていました。2000 年度までの不足額は、基本的に交付税特別会計が借入れをし、その償還は、国と自治体が折半して負担してきました。しかし、2001 年度にこれが改定され、財源不足額の一部を財源対策債（建設地方債）の増発で賄い、残りを国と自治体とが折半する方式に変わりました。そして国負担分は国の一般会計からの加算によって、自治体負担分は臨財債を発行して賄うことにしました（図4-7）。

　臨財債は地方債ですから返さなければなりません。しかし、もともとは基準財政需要額の一部ですから、その元利償還金は全額を後年度

に基準財政需要額に算入することにし、自治体に負担が被さらないようにしました。こうして、基準財政需要額は臨財債相当分を減額した額となりました。当初この措置は「臨時的」のはずでした、今日まで続いています。

### 財政力指数・不交付団体

これまでの説明は「基準財政需要額＞基準財政収入額」の自治体を前提に進めてきました。しかし、自治体のなかには逆のケースもあります。税収が多く「基準財政需要額＜基準財政収入額」となる自治体はどうなるのでしょうか。そういう自治体は財源不足額がありませんから「財政力が強い」ということで普通交付税は交付されません。こういう団体を**不交付団体**といいます。

財政力は**財政力指数**で表され、次のように計算します。通常、過去３年間の平均値で表します。単年度財政力指数が 1.00 以上になると不交付団体になります。

$$\text{財政力指数} = \frac{\text{基準財政収入額}}{\text{基準財政需要額}} \quad (\text{3年間の平均})$$

## 4 地方交付税の問題点

地方交付税制度にはいろいろな問題点があります。

第一に地方交付税の財源保障機能が後退しています。毎年の地方財政計画では多額の財源不足が生じています。2016 年度で 5.6 兆円、2017 年度 7.0 兆円、2018 年度 6.2 兆円でした。この不足額のかなりを臨財債など地方債で補っていて、国はこれを地方交付税法による制度改正だとしています。しかし、地方交付税の財源は、対象税目の拡大や交付税率の引上げなどによって行うべきだと考えます。

　第二に、交付税制度には自治体に行政改革を促す手段が内在しています。例えば、基準財政需要額は、自治体の標準的な人件費や行政経費（理論値という）をもとに計算され、実際の人員や経費は考慮されません。人件費や経費を減らせば有利になり、増やせば「損」をします。また、基準財政収入額では、予めよるべき税徴収率を定められていますから、それより「低ければ損、高ければ得」となるように誘導する自動巻き装置になっています。

　もともとこうした仕掛けがあるのですが、最近はこの仕掛けをさらに進めて、職員削減率や人件費削減率などを「行革努力分」と称して、補正係数を増やしたり減らしたりする露骨な手法が表面化しています。

　第三に、国の政策誘導がさらに強行になっています。バブル期から崩壊期にかけては、公共事業を推進させるために、事業費のうち起債できる率（起債充当率）を高くし、さらに元利償還金への交付税措置を設けました。平成の合併の時には、合併を推進するため合併算定替という特例措置を設けました。最近では、地方創生の推進のために、計算指標を「必要度」から「成果」にシフトさせるなど、特定の政策に誘導させています。これを総務省の補助金だという人もいます。

## 5　地方交付税をめぐる論点

### トップランナー方式と政策誘導

　地方交付税の当面の焦点が**トップランナー方式**です。これは、民間委託などで歳出を削減している自治体の業務をモデルに、単位費用を抑制して、基準財政需要額を減らすやり方です。例えば、1校あたりの小学校用務員の単位費用370.7万円を、最終的にはさらに292.7万円にする計画です。

　トップランナー方式は2016年度から23業務を対象に始まりました。このうち2016年度に16業務、2017年度に2業務に導入されました。

残り5業務は導入されていません。

トップランナー方式には各方面で反対の声があがりました。図書館の管理に対して、民間委託等による算定基準の導入が計画されました。しかし、図書館関係者でつくる公益社団法人日本図書館協会は、公共図書館のサービスの著しい低下を招くとして「強く反対」を政府に申し入れました。そうしたこともあって2016年11月の経済財政諮問会議で総務大臣は図書館への導入を見送る旨の報告をしました。

トップランナー方式について2018年1月25日付け総務省事務連絡（いわゆる「留意事項等」）は「地方財政計画ではトップランナー方式による減額は行わない。2018年度には基準財政需要額が新たに470億円程度減る見込みだが、これは地域課題に対応する地方単独事業に充当する」と述べています。地方での単独事業財源をトップランナー方式で捻出するというものです。

トップランナー方式は地方交付税の性格をますますゆがめます。削減額は、基準財政需要額全体（37.1兆円）から見るとそれほど大きくありません。にもかかわらず導入する本当の目的は、自治体業務を民間委託や指定管理へ進め、公共サービスを変質させる行政改革に誘導することにあるのではないでしょうか。

## 臨財債はこれでいいのか

2001年度から臨時財政対策債（臨財債）が発行されています。発行理由は交付税財源の不足対策でした。

発足から約18年経ちますが、臨財債は返済のために臨財債を発行するという悪循環に陥っています。臨財債の累積残高は2016年度末で51.9兆円で、地方債残高の35.8％に上ります。2016年度の発行額は3.7兆円、償還額は2.5兆円でした。このままでは残高は増え続けます。

大多数の自治体は臨財債を発行しないと財政運営ができません。い

わゆる折半ルールによる部分は今も基準財政需要額（振替前需要額）の一部ですから、これをやめると他の公共サービスを減らすことになります。ただ、この調子で臨財債が増え続くと、交付税算入は大丈夫なのか、国は取りやめにすると言い出さないか心配する声は少なくありません。

いろいろな考えがあると思いますが、私は臨財債による財源不足対策はやめ、基本的には国税5税による財源を増やす本筋に戻すことが必要だと思います。もちろん臨財債償還金の交付税算入は当分続けざるをえません。

今の地方財政計画による地方財政制度が大改革されない限り、臨財債の交付税措置も継続されると私は考えています。臨財債や他の地方債への交付税算入が法的に確保されている限り、地財計画による公債費への財源措置は確保されるものと思います。もし突然、臨財債償還費がなくなったりすれば、日本中の自治体が混乱しいっせいに財政危機に陥ってしまいます。

## 4　国庫支出金のしくみ

自治体が行う事務・事業の財政負担は、原則として自治体が行います（地方財政法第9条）。しかし、例外が定められていて、自治体が行う事務・事業であっても国が負担するものがあります（図4-8）。その一つが国庫支出金です。

国庫支出金は国から自治体に配分される財源の一つで、その点では地方交付税と同じです。ただ、地方交付税は使い道が自由な一般財源ですが、国庫支出金は使い道が決められた特定財源であるという違いがあります。例えば、生活保護行政のための国庫支出金は生活保護行政以外には使えませんし、学校建設のために交付された国庫支出金で

図 4-8 国と自治体の経費負担区分のあり方

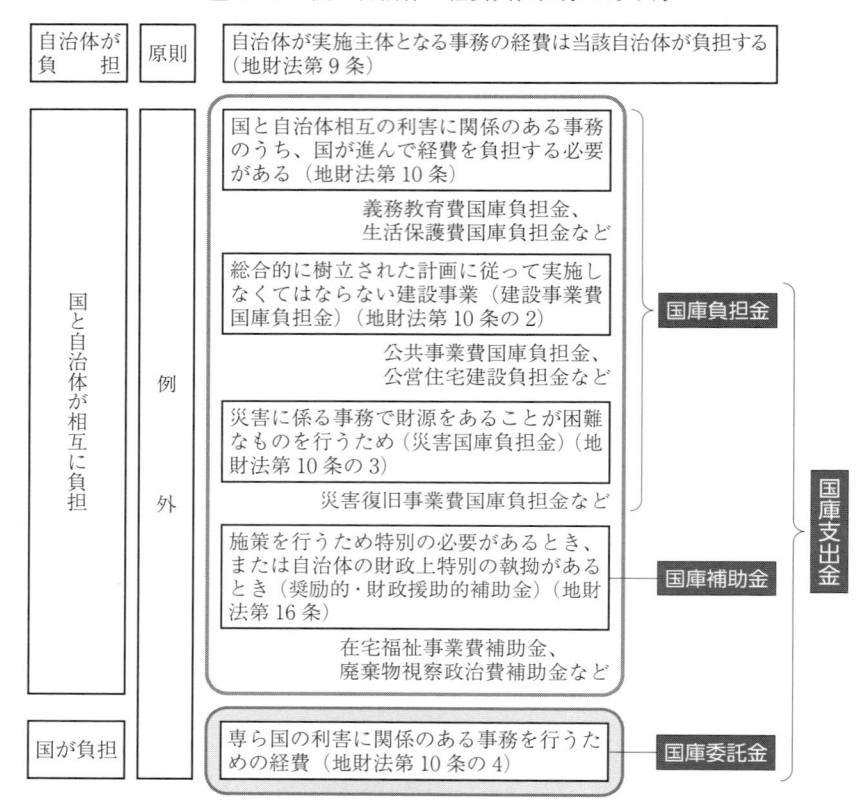

出所：出井信夫・参議院総務委員会調査室編『図説　地方財政データブック（平成20年度版）』
　　　学陽書房、2008年、249ページを参考に筆者が加筆・修正。

市民会館を建てることはできません。

　国庫支出金は、国が自治体からの反対給付を受けないで交付する支出金です。補助金、負担金、委託金、交付金、補給金、助成金などとさまざまな名前の交付金の総称です。その性格から、①国庫負担金、②国庫補助金、③国庫委託金の3種類に区分されます（**図4-8**）。

　**国庫負担金**は、国と自治体とがお互いに利害がある事務に対して、

お互いの負担割合を決めて、国が義務的に負担するものです。負担割合は法令（法律、政令）で決めます（地方財政法第 11 条）。例えば、生活保護費（生活保護法第 75 条）は国が 3/4、市が 1/4、義務教育諸学校の経費（義務教育費国庫負担法第 2 条）は国 1/3、都道府県 2/3 です。自治体が負担する分は一部を除き地方交付税の計算のときに基準財政需要額に含まれます（地財法第 11 条の 2）。財政力の弱い自治体の不足分を普通交付税が財源保障するしくみになっています。国庫負担金は、さらに①普通国庫負担金、②建設事業費国庫負担金、③災害国庫負担金の 3 種類に分かれます。

　**国庫補助金**は、国が自治体に対して特定の事務事業を行うことを奨励するときや、自治体の財政援助が必要なときに交付されます。介護保険事業費補助金などの補助金や、地方道路整備臨時交付金のように交付金の名称のついたものなどさまざまなものがあります。

　**国庫委託金**は、例えば国会議員選挙、国勢調査、外国人登録のように本来は国の事務ですが、国が自治体に委託して行う事務について国が支出するものをいいます。

　国庫支出金のことを国庫補助負担金ということがあります。ほぼ同じ意味ですが、国庫委託金を除いたものと考えてください。

　自治体財政において国庫支出金は大きな割合を占めています。2016 年度の決算額は 15.7 兆円（交通安全対策特別交付金を含む）で歳出総額の 15.5% でした。地方税、地方交付税に次いで 3 番目に大きな歳入です。最大は生活保護費負担金の 2.8 兆円（国庫支出金全体の 18.0%）で、社会資本整備総合交付金 1.7 兆円（同 10.7%）、普通建設事業費支出金 1.6 兆円（同 10.0%）、義務教育費負担金 1.5 兆円（9.7%）、児童手当等交付金 1.4 兆円（8.8%）が続きます。この 5 つで全体の 6 割近く（57%）を占めています。

　国庫支出金は、三位一体の改革が行われた 2004 年度から減少しまし

た。しかし、2008年度から再び増えてきました。

## 個別・ひも付き補助金の一括交付金化

　国庫支出金は、自治体行政での教育や社会保障を支え、また社会資本整備を促進し、災害時では国の支援などの大きな役割を果たしてきました。しかし、他方でいくつもの問題点が指摘されてきました。国による自治体財政への統制・誘導の手段となっています。各省庁のセクショナリズムによる二重投資、煩雑な書類作成など行政の非効率を生んでいることなどが指摘されています。地方交付税と並んで集権的分散システム（172ページ）を担ってきました。改革が必要な制度です。

　最近、「交付金」の名前がついた国庫支出金をよく見かけます。交通安全対策特別交付金とか電源立地促進対策等交付金などは以前からありましたが、最近は、社会資本整備総合交付金、児童手当等交付金、地域活性化・地域住民生活等緊急支援交付金などが見られます。『地方財政白書』に掲載された国庫支出金のうち、名称に「交付金」がつくものは2016年度決算で12種類、金額にして25%近くになります。

　2010年度に創設された社会資本整備総合交付金のように最近創設された交付金は、もともとあった個別補助金の改革という性格が見られます。補助金は特定の事務・事業費を補助するもので、個別補助金ともいわれます。使途や補助対象が細かく決められていることが多く、自治体からは「使い勝手が悪い」といわれ、評判がよくありませんでした。国はこうした批判に対して個別補助金を束ねて交付金化しました。社会資本整備総合交付金は、自治体が事前に社会資本整備総合整備計画を策定し、その計画に含まれている事業なら柔軟に実施できるようにしました。こうして**個別補助金が一括交付金化**されました。自治体にとって自由度が高く、自治体の創意工夫を生かそうとしました。

その結果やや改善されたとの意見もあります。

　こうした種類の交付金は、社会資本整備総合交付金の後、2011年度に地域自主戦略交付金、2012年度には沖縄振興公共投資交付金が創設されました。2013年度には地域自主戦略交付金に代わって防災・安全交付金が創設されました。防災・安全交付金は、インフラ再構築（老朽化対策、事前防災・減災対策）及び生活空間の安全確保の取り組みを集中的に支援するものでした。

## 地方創生交付金

　また、これとは別に地方創生に関係した交付金も創出されました。地方の人口減少と東京への人口集中を緩和する目的で、国は全国の自治体に人口ビジョンと総合戦略を作らせました。一方で、地方創生関係交付金を交付しました。2014年度補正予算の地方創生先行型交付金、2015年度の地方創生加速化交付金、2016年度の地方創生推進交付金など次々と名前を変えて創設されました。

　個別補助金の一括交付金化にしろ、地方創生交付金にしろ、交付金は「使い勝手のよさ」が売り物といえるかもしれません。しかし、国が地方を政策的に誘導するという旧来の国庫支出金の弊害は交付金になってもあまり変わりないともいわれています。自治体が交付金を申請しても金額や使途が特定・制限されたり、自治体のウラ負担（自治体の一般財源による負担）が必要であったりして、本当に使い勝手がよいのか疑問視されています。

## 国庫支出金の増加と一般財源化への対応

　国庫支出金は地方財政を分権型に改革すべき対象の一つです。国庫支出金は三位一体の改革のなかで減少しましたが、その後、増加しています。2016年度には15.6兆円、15.4％になっています。生活保護

受給者の増加や子ども手当・児童手当関係の拡充などが背景にありま
す。地方創生関係交付金なども増加要因です。地方分権改革の必要性
がいわれるなかで、依存財源でかつ特定財源の国庫支出金の復活をど
う見ればいいのでしょうか。重要な論点です。

　これとは逆に創設される新規事業の財源として国庫支出金ではなく、
地方交付税で財源保障することも多くあります。しかし、この交付税
による財源保障が信用できるのか怪しいともいわれています。自治体
からは「実感がない」の声も少なくありません。実感しない最大の原
因は、マクロの交付税額とミクロの交付税額の決定過程がつながって
いないことに根本問題があることは前述しました。また、基準財政需
要額で計算上交付税措置されていても、本当にどの程度措置されてい
るのか定かではありません。ともかく自治体のサービスを財源を含め
て分析することが必要です。

　交付金化（特定財源化）と交付税化（一般財政化）、ややこしいです
が、その違いをしっかり学習し、その功罪を考えてみましょう。

## 5　地方債のしくみ

　地方債は、「自治体が資金調達のために第三者から借り入れること
によって負担する債務」のことで「返済が一会計年度を超えるもの」
をいいます。地方税・地方交付税・国庫支出金に次ぐ大きな財源です。
「地方債を発行する」とか、「地方債を起こす」とか、単に起債といい
ます。特別区や一部事務組合や広域連合も起債できます。

　地方自治法では都道府県と市町村は地方債を起こすことができると
定めています（第230条）。ところが地方財政法（地財法）第5条に
は「地方公共団体の歳出は、地方債以外の歳入をもって、その財源と
しなければならない」と書かれていて、借金はダメだということにな

っています。いったいどちらが原則なのか迷います。

　財政の教科書を見ますと、地方債には、①財政支出と財政収入の年度間調整、②住民負担の世代間公平のための調整、③一般財源の補完、④国の経済政策との調整、という4機能があると書かれています。この説明では、実際の発行可能性は相当広いといえます。

　地方債は、予算書・決算書の歳入欄に計上されます。しかし、資金が実際に存在しているのではなくあくまで借金（幻の資金）にすぎません。将来、自治体は一般財源を償還金として工面しなければなりません。将来の財政運営にマイナス要因となることもあり、厳格な起債管理が大切です。


### 起債ができる経費とその理由

　地財法第5条は、地方債を原則だめとしながら、但し書きで5つの事業は例外的に起債を認めています。これを**適債5事業**とよび、ここで認められた地方債を**5条債**といいます（図4-9）。

　適債5事業と、起債が認められる理由を見ておきます。[4]

　第一は**公営企業に要する経費（公営企業債）**です。公営企業は自治体が経営する企業ですが、私企業と違い、株式を発行して自己資本を調達することができません。そこで地方債を発行して公営企業からあがる収益で償還するのを原則とします。

　第二は**出資金、貸付金の財源**です。出資金・貸付金は「公営企業に要する経費」と同じように資本としての機能を果たしますから、元金・配当・利子は回収されます。そこで起債が認められています。

　第三は**地方債の借り換え（借換債）**です。償還年限を短くしたり、利率を引き下げるわけですから、自治体財政にとってメリットがあります。

───────────────

4　石原信雄・二橋正弘『新版　地方財政法逐条解説』ぎょうせい、2000年を参照。

図4-9　地方債を起こすことができる経費

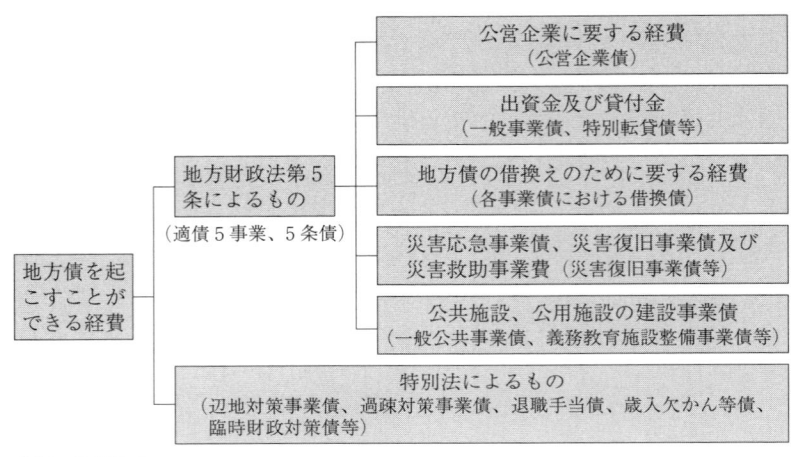

公営企業に要する経費
（公営企業債）

出資金及び貸付金
（一般事業債、特別転貸債等）

地方債の借換えのために要する経費
（各事業債における借換債）

災害応急事業債、災害復旧事業債及び
災害救助事業費（災害復旧事業債等）

公共施設、公用施設の建設事業債
（一般公共事業債、義務教育施設整備事業債等）

地方財政法第5
条によるもの
（適債5事業、5条債）

地方債を起
こすことが
できる経費

特別法によるもの
（辺地対策事業債、過疎対策事業債、退職手当債、歳入欠かん等債、
臨時財政対策債等）

出所：筆者作成。

　第四は**災害応急・復旧・救助事業費の財源**です。災害という非常時ですから財政上の応急措置として負担を先延ばしすることを認めたものです。

　第五は**公共施設・公用施設の建設事業費、公共用・公用に供する土地（代替地を含む）の購入費**で、いわゆる公共事業費です。公共事業費の財源に起債が認められる理由は二つあります。一つは、建設事業費が自治体の財政規模に比べて大きすぎるからで、住民が背負う負担を軽くするためです。もう一つの理由は、建設される施設は建てた後に使われ、少なくとも耐用年数までは効用・便益を及ぼし、地域の経済開発を促す資本投下と考えられるからです。便益が一年限りではないからです。図4-10のように、10億円をかけて建設した市民会館を10年間使うとします。もし、2018年度予算で建設費全額を賄いますと、2019年度から2028年後までの市民は建設費をまったく負担しないで使用することになります。これは世代間に負担と便益の不公平が生ま

図4-10　負担の世代間公平のモデル図
　　　　―2018 年度に 10 億円の会館を建設し、耐用年数 10 年間

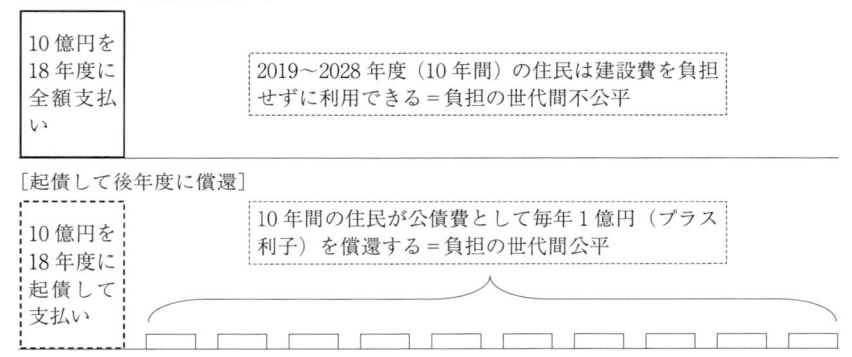

［2018 年度に全額を支払い］

10 億円を
18 年度に
全額支払
い

2019〜2028 年度（10 年間）の住民は建設費を負担
せずに利用できる＝負担の世代間不公平

［起債して後年度に償還］

10 億円を
18 年度に
起債して
支払い

10 年間の住民が公債費として毎年 1 億円（プラス
利子）を償還する＝負担の世代間公平

出所：著者作成。

れていると考えることもできます。もし、建設費の 10 億円全額を地方
債で賄い、耐用年数の 10 年間に元利を償還しますと、今後 10 年間の
市民は毎年 1 億円（元金）と利子を公債費としてその年度の歳入で償
還することになり世代間の公平性が保たれるというわけです。

**特別法による地方債**

　適債 5 事業以外にも、法律で特別に定めれば地方債は発行できます。
これを「**特別法による地方債**」といいます（**図4-9 の最下段**）。例と
してあげられている過疎対策事業債は、過疎地域自立促進特別措置法
第 12 条により過疎地域の市町村が策定した自立促進計画に基づき行う
事業に対して発行されるものです。臨時財政対策債は地財法第 33 条の
5 の 2 による地方債です。

**退職手当債は禁じ手か？**

　退職手当債（退手債）も特別法（地財法第 33 条の 5 の 5）による地

方債です。かつて退手債は勧奨などで職員を退職させる場合しか発行できませんでしたが、2006年度に制度が変わり、定年退職の場合でも発行できるようになりました。団塊の世代の大量退職に備えたもので、2015年度までの特例措置でした。発行条件としては、定員管理・給与適正化計画をさだめ、総人件費の削減に取り組むことが求められ、発行額にも限度額が設けられています。

2016年度以降は2025年度まで10年間延長されています。同時に、発行可能額の見直しが行われました。

私的な事例ですが、私は大阪府守口市で市民による市の財政分析をお手伝いし、『守口市民財政白書』を発刊しました。この白書は退手債の発行を禁じ手としました。守口市は赤字を減らすため2008年度からの3年間に50億円近い退手債を発行しました。しかし、市民の目には、退職者数と退職金がいくらになるかは事前に予測できたはずで、これを借金で払うのは財政運営の怠慢と映りました。退手債の発行のため定員管理、給与適正化計画を定め総人件費の削減に取り組むことが求められますから、退手債を禁じ手だとすることに異論をもつ人も多いと思います。どのように考えるか議論してみてください。

## 地方債の協議制度（図4−11）

地方債を発行するには都道府県と指定都市では総務大臣、一般の市町村では都道府県知事と協議しなくてはなりません（地財法5条の3）。これを地方債の協議制度といいます。同意を得た地方債は公的資金の借入れができますし、元利償還金は地方財政計画に計上されます。もし同意を得られない場合、それでも発行する場合には議会に報告しておかなくてはなりません。

財政状況が一定要件を満たす自治体が民間等資金で地方債を発行する場合は、協議する必要がなく、届出だけですみます（図4−12）。こ

図4−11　地方債協議制度の概要

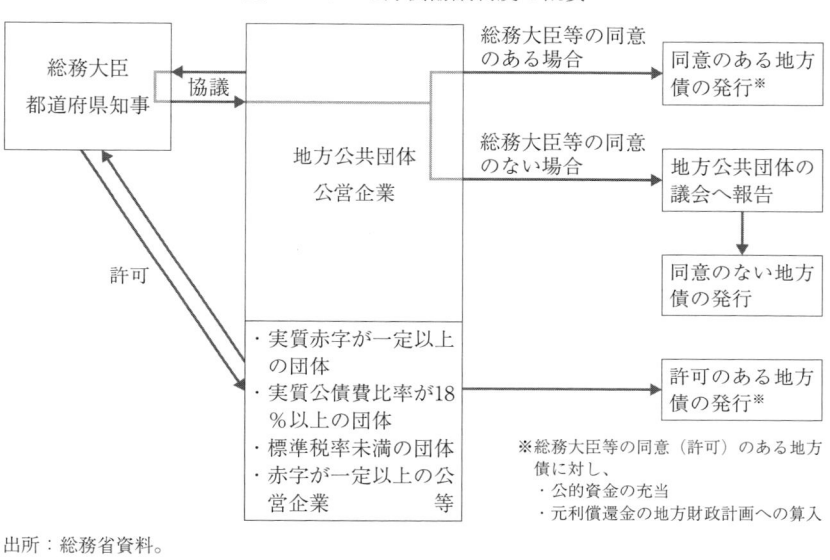

出所：総務省資料。

図4−12　地方債届出制度のあらまし

○協議不要対象団体（届出自治体）とは以下の①〜④の要件をすべて満たした自治体のことです。

①実質公債費比率　18％未満　　　③連結実質赤字比率　0％
②実質赤字額　　　0　　　　　　　④将来負担比率　　　400％未満　・　350％未満
　　　　　　　　　　　　　　　　　　　　　　　　　　（都道府県・政令市）（一般市区町村）

（実質公債費比率のケース）　　　18％　　　　　25％　　　　　35％

| 届出<br>（公的資金※は協議） | 早期是正措置としての地財法許可<br>[地方財政法 §5の4①] | | 健全化法許可<br>[健全化法 §13①] |
|---|---|---|---|
| | 公債費負担<br>適正化計画 | 財政健全化計画<br>（早期健全化） | 財政再生計画（財政再生） |

※公的資金のうち特別転貸債及び国の予算等貸付金については、届出対象である（H28年4月〜）
出所：地方債制度研究会編『平成30年度地方債のあらまし』地方財務協会、2018年。

ういう自治体を**協議不要対象団体**といいます。

　逆に、赤字比率や公債費負担が一定以上などの自治体が発行しようとする場合は，総務大臣や知事の許可を受けなくてはなりません。こ

ういう自治体を**地方債許可団体**といいます（図 4 – 11）。一定以上とは、①実質赤字比率が、標準財政規模に応じて 2.5% ～ 10% 以上、②実質公債費比率が 18% 以上、③不適正行為を行った団体、④資金不足比率が 10% 以上の赤字公営企業、⑤普通税の税率が標準税率未満の団体などです。

### 地方債資金の種類と発行形態

　地方債資金をどこから借り入れるかも大切です。国内の資金の引き受け先は公的資金と民間資金に分けられます（図 4 – 13）。地方債計画によると、公的資金は発行額の約 4 割、民間等資金は約 6 割（2018 年度）です。

　公的資金には財政融資資金、地方公共団体金融機構資金（図 4 – 14）などがあります。公的資金は、返済期間が比較的長期でかつ低利な資金です。財政融資資金は、国の財政融資資金特別会計が国債（財投債）を発行し、市場から調達した資金を貸し付けるものです。地方公共団体金融機構資金は、自治体が共同して設立した共同発行機構で、金融機構債券を発行して調達した民間資金などを原資として自治体に融資します。地方公営企業向けだけでなく、自治体の一般会計へも貸し付けしています。

図 4 – 13　地方債資金の種類

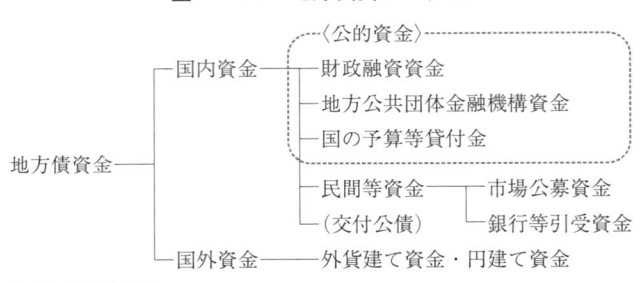

出所：総務省資料。

図４-14　地方公共団体金融機構の基本的なしくみ

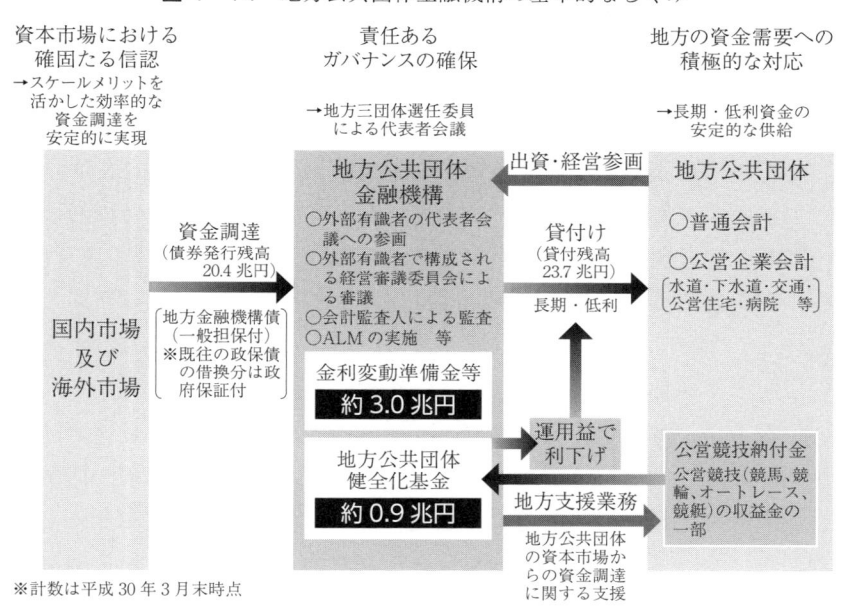

※計数は平成 30 年 3 月末時点

出所：地方債制度研究会編『平成 30 年度地方債のあらまし』地方財務協会、2018 年 4 月、28 ページ。

　一方、民間資金は市場公募資金と銀行等引受資金の二つに大きく分けられます。市場公募地方債は起債市場で公募される地方債です。全国型（個別債）、共同発行（共同債）、住民参加型などがあります。もう一つの民間資金である銀行等引受資金は、自治体が金融機関や各種共済組合などから借り入れる資金です。かつて縁故債といわれたものです。

　地方債の発行形態には証書借入と証券発行があります。証書借入とは、自治体が借入先に借用証書を提出して資金の提供を受ける方法です。財政融資資金と地方公共団体金融機構資金はすべて証書借入です。銀行等引受資金でも一般市町村はこの方法が大半です。これに対して証券発行方法は、自治体が地方債証券を発行して、それを金融機関が

引き受けたり、市場で公募したりして資金調達する方法です。市場で
流通する場合があります。

## 地方債の償還方法

地方債は借入時には歳入予算に地方債収入として計上されます。そ
して、将来、歳出予算に利子分を含めた元利償還金が公債費の形で計
上され、財政負担となります。ですから借り入れは、①できるだけ低
利率であること、②据え置き期間は住民が利用できない建設期間と一
致すること、③償還年限は当該施設の耐用年数と一致すること、ある
いは耐用年数を超えないようにしなくてはなりません。

償還方法には、定時償還と満期一括償還があります。定時償還は元
金均等償還、元利均等償還、不均等償還に分かれます。満期一括償還
は満期日に全額を一括償還するものですが、利子は償還期ごとに支払
うことになっています。減債基金を積み立て、償還の平準化を図るこ
とが必要です。

公的資金の償還方法は、元利均等償還と元金均等償還の選択制です。
これに対して市場公募地方債は2002年度から満期一括償還が標準的と
なりました。銀行等引受資金の償還方法はさまざまです。満期一括償
還方式が増え、とくに都道府県や政令指定都市ではこの方式が増えて
います。

償還年限は公共施設または公用施設の耐用年数を超えないようにし
なくてはなりませんが、その他に地方債同意等基準で、原則として30
年以内が適当とされています。

元金の償還には普通、据え置き期間を設けます。

## 地方債と違う一時借入金

地方債の他に一時借入金という借金があります。違いは、地方債が

一会計年度を超えて償還するのに対して、一時借入金は年度内に返済してしまうものです。一時借入金は事業費の財源を調達するためではなく、年度中の支払い現金が不足した場合に資金繰りのために一時的に借り入れるものです。

　一時借入金は予算原則の一つである総計予算主義の例外です。そのため、一時借入金は歳入歳出予算には計上しません。しかし、借り入れする限度額は予算の一つとして議決しておかなくてはなりません。なお、借金すれば返済利子は発生しますから、決算のときには一時借入金利子が公債費に計上されます。

　一時借入金の償還は出納整理期間中に行うことができます。


## 地方債計画と地方債同意等基準

　毎年度**地方債計画**が策定されます。総務大臣や知事が同意・許可する地方債の予定額総額を示します。地方債の量的基準となります。

　地方債計画と関係のあるのが財政投融資計画と地方財政計画です。地方債計画のうち財政融資資金の額が財政投融資計画に計上されます。また、地方財政計画の歳入欄の「地方債」額は、地方債計画の「普通会計分」と一致します（図4−15）。

　これとは別に**地方債同意等基準**が公表されます。地方債計画が地方債発行の量的基準なのに対して、これは同意・許可をするかどうかを判断するための質的基準となります。


## 起債充当率と償還金への交付税措置

　自治体が事業をするにあたって国庫補助率が高いことは、自治体が負担する一般財源が少なくてすむため自治体にとって有利な条件です。それと同じように事業費総額のうちどの程度起債ができるのか（起債充当率）も気になることです。起債充当率が高いと将来の償還額は増

図 4-15　地方債計画と財政投融資計画、地方財政計画との関係

図 4-15　地方債計画と財政投融資計画、地方財政計画との関係

| 地方財政計画 88.1 兆円 | 地方債計画 11.7 兆円 | 財政投融資計画 14.5 兆円 |
|---|---|---|

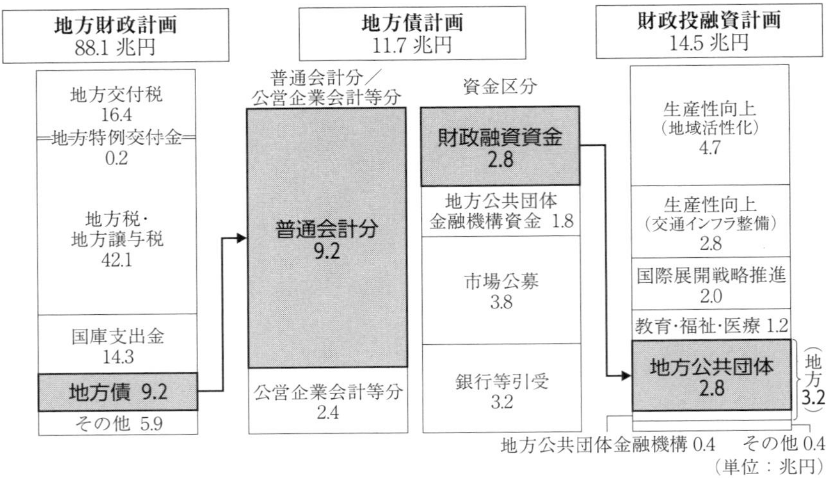

（注）上記の数値は、表示数値未満を四捨五入したものであるので、合計と一致しない場合がある。
出所：財務省ウェブサイト「地方債の概要」。

えますが、当座の一般財源は少なくてすみます。

　地方債の元利償還金にたいする交付税措置の度合いも自治体にとって関心事です。交付税措置の割合はさまざまで、例えば臨時財政対策債は 100%、過疎債は 70%、退職手当債は 0%（全額自治体負担）です。ですから、自治体にすれば交付税措置が大きい起債に傾きます。平成の大合併時に発行された合併特例債は起債充当率 95%、交付税措置率70% という有利な起債で、多くの市町村を合併に走らせた一因でした。しかし、不要不急の事業を増やすことは無駄な財政運営となります。

### 地方債を巡る動き

　地方債は大きく変わりました。

　第一に、1990 年代に地方債が大量に発行され、残高が急増しました。2018 年度末見込みで 192 兆円となり、1989 年度末の 66 兆円の 3 倍に

なりました。ただ、2000年代以降は頭打ち状況になっています。内訳としては、一般の地方債が減少する一方で、自治体の一般財源を補う臨時財政対策債が3割近くを占めるようになりました。

　第二に、資金の引受先が公的資金から民間資金へ移っています。

　第三に、地方債発行が許可制から協議制へ、さらに届出制へ移行し、起債のしやすさが強まりました。一見すると分権化が進んだように見えますが、自治体での起債管理の重要性が高まったといえます。

## 6　その他の財源

### 地方譲与税

　地方譲与税は国税として徴収された税を地方にも譲与するものです。実質的には自治体の財源ですが、課税の便宜上から国税として徴収しています。地方譲与税には地方揮発油譲与税、石油ガス譲与税、自動車重量譲与税、航空機燃料譲与税、特別とん譲与税、地方法人特別譲与税があります。使い道に制限はありませんが、航空機燃料譲与税は「空港騒音による障害防止・空港対策」のための目的税です。しかし、6つの地方譲与税とも全額を地方交付税の基準財政収入額に算入します。

### 地方特例交付金

　地方特例交付金は、もともとは1999年度の「恒久的な減税」によって減収となった額の一部を補填するためにつくられました。その後、内容がずいぶん変わってきました[5]。2018年度現在では、個人住民税における住宅借入金等特別税額控除の実施によって減少した自治体の

---

5　初村尤而『増補版　そもそもがわかる自治体の財政』自治体研究社、2011年9月、79ページ参照

税収を補填するために交付されています。75% が基準財政収入額に算入されます。

### 都道府県支出金

　都道府県支出金は、都道府県が市町村に対して支出するもので、国庫支出金と同じように都道府県負担金、同補助金、同委託金に分類されます。決算統計上の都道府県支出金は、国庫財源を伴うものと、都道府県費のみのものの二つに大別されます。

　立命館大学の森裕之先生の研究によると[6]、国と市町村との間にはこれを媒介する多様な補助金制度が形成されていて、これに都道府県支出金が絡み合い、その結果、さまざまな公共事業のパターン（A〜E）が作られているとのことです（図4-16）。自治体財政の解説書には都道府県支出金のことはあまりふれられませんが、自治体財政における

図4-16　市町村における補助事業・単独事業の類型

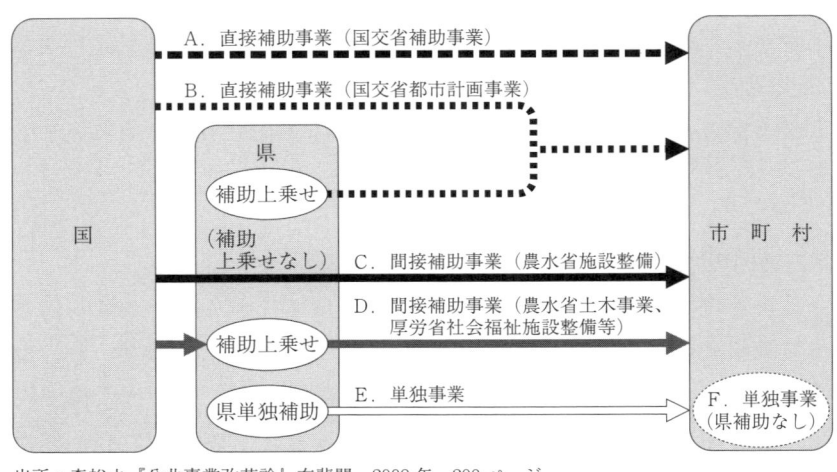

出所：森裕之『公共事業改革論』有斐閣、2008 年、200 ページ。

---

6　森裕之『公共事業改革論』有斐閣、2008 年、199 ページを参照。

都道府県支出金の役割をもっと考えるべきではないかと考えています。

　森先生の研究は長野県の公共事業の研究に基づくもので、公共事業以外の社会福祉、学校教育、環境政策など他分野に直接ふれられているわけではありません。しかし、他分野や他地域にでも同様なことがいえるのではないでしょうか。

### 使用料・手数料

　使用料と手数料はどちらも公共サービスの対価として住民に直接負担が被さる点では同じです。違いは、使用料が施設の利用に対するものであるのに対して、手数料は人的サービスの対価であるところです。使用料には、公営住宅の家賃、高等学校の授業料、幼稚園・保育所の保育料、火葬場の火葬料、病院の治療代金、水道、地下鉄・バス料金などがあります。水利権または特許権や著作権などの使用料も含まれます。

　手数料は戸籍や住民票の謄抄本、印鑑証明の発行を受けたときに実費弁償の形で徴収されます。

　使用料、手数料ともにほとんどは一般財源ですが、一部、特定財源となるものもあります。

　最近、公民館など公の施設の使用料を有料化したり値上げしたりする例が増えています。これは、施設を通して提供されるサービスを税金で賄う（無料）のか、それとも使用料で賄うのか、その両者の負担割合の問題だともいえます。

## 7　財源の分け方

　2017年度の市町村の歳入には、決算カードに書かれたものだけでも内訳を含めると28種類あります。さらに税目は10数種類もあります。

自治体の財政状況を分析するためには、これらのたくさんの歳入を性質が似かよったものに分類しておく必要があります。

### 自主財源と依存財源

　第一に自主財源か依存財源かの区分です。自主財源とは、地方税や使用料・手数料のように自治体が自主的に収入できる財源のことです。決算カードの歳入欄に並んでいる科目でいうと、地方税、分担金・負担金、使用料、手数料、財産収入、寄附金、繰入金、繰越金、諸収入が自主財源です。これに対して依存財源とは、国（市町村の場合は都道府県を含む）の意思により定められた額を交付されたり、割り当てられたりする財源のことをいいます。国から交付される地方交付税や国庫支出金、地方譲与税などはそれにあたりますし、市町村では都道府県支出金も依存財源です。

　では、ここで質問を一つ。地方債はどちらでしょうか。地方債は自治体が金融機関などから借り入れるもので国などを経由しません。財政状況が良い自治体は届出だけで発行できますから自主財源といえるかもしれません。しかし届出や協議が必要なのだからやはり自主財源とはいえないように思えます。最悪の場合、許可が必要なのですからやはり依存財源といえそうです。皆さんはどうお考えですか。

### 一般財源と特定財源

　二つ目は、一般財源か特定財源かの区分です。一般財源とは、財源の使い道が特定されておらず、どんな経費に使うか決められてない財源です。例えば地方税や地方交付税は福祉に使おうが道路を造ろうが自治体の勝手ですから一般財源です。これに対して、特定財源は、財源の使い道が特定されています。国庫支出金や地方債がこれにあたります。例えば、生活保護費は 3/4 は国庫支出金（生活保護費負担金）、

残り1/4はその自治体の負担
となります。国庫支出金は特
定財源、残りは自治体の一般
財源で負担することになりま
す。

表4-8　主な財源の区分

|  | 一般財源 | 特定財源 |
|---|---|---|
| 自主財源 | 地方税 | 分担金・負担金<br>使用料、手数料 |
| 依存財源 | 地方交付税<br>地方譲与税 | 国庫支出金、地方債<br>都道府県支出金 |

出所：筆者作成。

　地方税、地方交付税の他に
も、地方譲与税、地方消費税交付金、地方特例交付金などは一般財源
に分類されます。決算カードの歳入の欄に並んでいるものでは「地方
税から交通安全対策特別交付金まで」が一般財源です。
　自主財源と依存財源、一般財源と特定財源との関係は表4-8に示し
ました。

## 「一般財源等」の「等」って何？

　ところで決算カードや決算統計を見ていますと、「一般財源等」と
「等」がついたものがあります。どういう意味でしょうか。
　特定財源のなかには一般財源「的」な使い方をするものが含まれて
います。できるだけ自治体の裁量を高めるためにそのようにしている
ものもあります。例えば、地方税では普通税だけでなく目的税もすべ
て一般財源等です。都市計画税は、都市計画事業や土地区画整理事業
に使われる目的税ですから特定財源になりそうですが、一般財源等と
して扱っています。国庫支出金のほとんどは、特定財源ですが、電源
立地地域対策交付金や地方道路整備臨時交付金は一般財源となります。
繰入金のうち財政調整基金や減債基金の取崩し、地方債のうち臨時財
政対策債なども一般財源「的」だとして一般財源等に含まれます。
　自分の自治体の一般財源等を詳しく調べたい人は地方財政状況調査
表の「表番号05・収入の状況」（表4-9）をご覧ください。

団体コード　　　　２７２０７８
表番号　　　　　　０５

本来の一般財源

| 区　　　　　　分 | 行 | 決　算　額 (A) (1) | 臨時的な 特定財源 (2) |
|---|---|---|---|
| 1　地　　　　方　　　　税 | 0 1 | 50,108,020 | |
| 2　地　　方　　譲　　与　　税 | 0 2 | 589,095 | |
| 3　利　子　割　交　付　金 | 0 3 | 134,218 | |
| 4　配　当　割　交　付　金 | 0 4 | 380,140 | |
| 5　株式等譲渡所得割交付金 | 0 5 | 384,170 | |
| 6　分離課税所得割交付金 | 0 6 | | |
| 7　道府県民税所得割臨時交付金 | 0 7 | | |
| 8　地　方　消　費　税　交　付　金 | 0 8 | 5,865,861 | |
| 9　ゴルフ場利用税交付税 | 0 9 | 48,724 | |
| 10　特別地方消費税交付金 | 1 0 | | |
| 11　軽油引取税・自動車取得税交付金 | 1 1 | 300,038 | |
| 12　地　方　特　例　交　付　金 | 1 2 | 246,029 | |
| 13　地　　方　　交　　付　　金 | 1 3 | 9,685,616 | |
| 14　交通安全対策特別交付金 | 1 4 | 45,641 | |
| 15　分　担　金　及　び　負　担　金 | 1 5 | 1,164,097 | 29,339 |
| 16　使　　　　用　　　　料 | 1 6 | 2,173,796 | |
| 17　手　　　数　　　料 | 1 7 | 474,510 | 7 |
| 18　国　庫　支　出　金 | 1 8 | 26,191,259 | 6,192,490 |
| 19　国有提供施設等所在市町村助成交付金 | 1 9 | | |
| 20　都　道　府　県　支　出　金 | 2 0 | 7,984,451 | 475,414 |
| 21　財　　産　　収　　入 | 2 1 | 264,065 | 86,365 |
| 22　寄　　　附　　　金 | 2 2 | 112,160 | 8,664 |
| 23　繰　　　入　　　金 | 2 3 | 431,333 | 291,333 |
| 24　繰　　　越　　　金 | 2 4 | 1,345,766 | 417,618 |
| 25　諸　　　収　　　入 | 2 5 | 1,567,516 | 1,066,983 |
| 内訳　収　益　事　業　収　入 | 2 6 | 113,204 | |
| 　　各　種　貸　付　金　元　利　収　入 | 2 7 | 624,231 | 624,092 |
| 　　そ　　　の　　　他 | 2 8 | 830,081 | 442,891 |
| 26　地　　　　方　　　　税 | 2 9 | 4,021,500 | 2,021,500 |
| 　　うち都道府県貸付金 | 3 0 | | |
| 　　うち減収補填債特例分 | 3 1 | | |
| 　　うち臨時財政対策債 | 3 2 | 2,000,000 | |
| （歳　　入　　合　　計） | 3 3 | 113,518,005 | 10,589,713 |
| 歳　入　構　成　比　　（％） | | 100.0 | 9.3 |

出所:「大阪府高槻市平成 29 年度地方財政状況調査表」。

の　状　況

経常一般財源等

臨時一般財源等

都道府県名　　大阪府
団　体　名　　高槻市

（単位：千円）

| (3) もの　(B) 一般財源 | 差引経常的なもの (A)－(B) | (4) 特定財源 | (5) 一般財源等 | 決算額構成比 （％） |
|---:|---:|---:|---:|---:|
| 3,968,660 | 46,139,360 | | 46,139,360 | 44.2 |
| | 589,095 | | 589,095 | 0.5 |
| | 134,218 | | 134,218 | 0.1 |
| | 380,140 | | 380,140 | 0.3 |
| | 384,170 | | 384,170 | 0.3 |
| | | | | |
| | 5,865,861 | | 5,865,861 | 5.2 |
| | 48,724 | | 48,724 | 0.1 |
| | | | | |
| | 300,038 | | 300,038 | 0.3 |
| | 246,029 | | 246,029 | 0.2 |
| 477,409 | 9,208,207 | | 9,208,207 | 8.5 |
| | 45,641 | | 15,641 | 0.0 |
| 73 | 1,134,685 | 1,134,685 | | 1.0 |
| 6,898 | 2,166,898 | 1,774,262 | 392,636 | 1.9 |
| 60,583 | 413,920 | 413,920 | | 0.4 |
| 50,160 | 19,948,609 | 19,948,609 | | 23.1 |
| | | | | |
| | 7,509,037 | 7,509,037 | | 7.0 |
| 177,700 | | | | 0.2 |
| 103,496 | | | | 0.1 |
| 140,000 | | | | 0.4 |
| 928,148 | | | | 1.2 |
| 371,444 | 129,089 | 121,247 | 7,842 | 1.4 |
| 113,204 | | | | 0.1 |
| 139 | | | | 0.6 |
| 258,101 | 129,089 | 121,247 | 7,842 | 0.7 |
| 2,000,000 | | | | 3.6 |
| | | | | |
| | | | | |
| 2,000,000 | | | | 1.8 |
| 8,284,571 | 94,643,721 | 30,901,760 | 63,741,961 | 100.0 |
| 7.3 | 83.4 | 27.2 | 56.2 | |

表4-10 経常的財源と臨時的財源

| 歳入科目 | 経常的財源 | 臨時的財源 |
|---|---|---|
| 地 方 税 | 右以外の地方税 | 都市計画税、法定外税<br>適用期限のある超過課税 |
| 地方交付税 | 普通交付税 | 特別交付税 |
| 国庫支出金 | 生活保護国庫負担金、児童保護費国庫<br>負担金、外国人登録事務費委託金など | 建設事業の特定財源とし<br>て収入されるもの |

出所：筆者作成。

### 経常的財源と臨時的財源

　三つ目に、財源を経常的か臨時的かに区分することもできます（表4-10）。経常的財源とは毎年度継続的に、安定的に確保できる見込みがある収入のことをいいます。それに対して収入が持続的でなく一時的、臨時的なものを臨時的財源といいます。

　地方税のほとんどは経常的財源ですが、課税が自治体の裁量に任されている都市計画税や期限付きの超過課税は臨時的財源となっています。都市計画税は目的税ですが一般財源となり、地方税ですが臨時的財源です。課税するかどうかは市町村が任意に選択できますから、普通交付税の基準財政収入額には算入されません。本当にややこしいですね。

　財源の区分は、財政分析をしたり財政健全化計画を検討するときに大切になります。

## ここでのまとめ

◇この章では歳入（財源・収入）について学んだ。

◇地方税は自治体の財源の中心である。住民税や固定資産税をはじめたくさんの税目があるが、性質によって「普通税と目的

税」「法定税と法定外税」「直接税と間接税」などに分類される。地方税法で決められた以外に課税自主権も認められている。税金をどのようにかけるかについて応能原則と応益原則という二つの考え方がある。

◇個々の自治体の地方交付税額は複雑な計算式で決められる。しかし、全国の総額は地方財政計画で決められるから、個別自治体では財源不足が生じる。地方交付税には財源保障機能と財源調整機能という二つの働きがある。

◇国庫支出金には国庫負担金・国庫補助金・国庫委託金がある。

◇地方債は自治体の借金である。公共事業など5つの事業に限り発行が認められているが、その他に特別法による地方債もある。

◇財源の分け方には「自主財源と依存財源」「一般財源と特定財源」「経常財源と臨時財源」などがある。

## 理解しよう、調べよう

◇わがまちの歳入はどうなっているか、つかんでみよう。

◇わがまちの地方交付税算定台帳を入手し、行政項目、測定単位の数値、単位費用、補正係数を確認してみよう。

# 第 5 章

# さまざまな自治体財政

---

**ここで学びたいこと**

◇予算原則のなかに「会計は一つ」の原則があることを学んだ。しかし，実際には、自治体にはたくさんの会計がある。なぜだろう。どんな会計があるのか。

◇自治体財政は会計だけではない。さまざまな周辺組織の営みで構成されている。どんな組織がどんな営みをしているのかを学ぼう。

---

## 1　どこまでが自治体財政か

　そもそも自治体の財政とはどの範囲までをいうのでしょうか。地方自治法で規定された自治体（正式には地方公共団体）は普通地方公共団体と特別地方公共団体に分かれます（表5-1）。

　普通地方公共団体とは都道府県と市町村のことをいい、特別地方公共団体には、特別区（東京23区）、地方公共団体の組合（一部事務組合、広域連合）、財産区の3種類があります。特別地方公共団体のうち特別区は市町村と並んで基礎的自治体とされています。これらの組織

表5−1　自治体の種類

| 地方自治法第1条の3、第8条、第252条の19、第252条の22、旧第252条の26の2 | | |
|---|---|---|
| 普通地方公共団体<br>※その組織、事務、権能等が一般的、普遍的なもの | 都道府県 | |
| | 市町村 | 指定都市<br>要件：人口50万以上の市のうちから政令で指定 |
| | | 中核市<br>要件：人口20万以上の市の申出に基づき政令で指定 |
| | | 施行時特例市<br>地方自治法の一部を改正する法律（平成26年法律第42号）による特例市制度の廃止（平成27年4月1日施行）の際、現に特例市（※）である市<br>※特例市制度<br>　要件：人口20万以上の市の申出に基づき政令で指定 |
| | | その他の市<br>要件：人口5万以上ほか |
| | | 町村 |
| 特別地方公共団体 | 特別区<br>※大都市の一体性及び統一性の確保の観点から導入されている制度 | |
| | 地方公共団体の組合（①一部事務組合、②広域連合）<br>財産区<br>地方開発事業団（2011年の法改正で地方自治法から削除。一事業団のみ存続）<br>※特定の目的のために設置されるもの | |

出所：総務省ウェブサイトを筆者が一部加筆・修正。

は紛れもなく自治体であり、そこでの財政は自治体財政といえます。

　このように自治体財政は、都道府県・市町村（特別区を含む）では「○○会計」で表現されます。会計は一般会計と特別会計に区別されます。それ以外に自治体財政には、一部事務組合とか広域連合、設立法人・外郭団体などがあります。こうしたものも合わせて自治体財政といえます。**図5−1**は大阪府守口市の財政の全体像を示したものです。

図 5-1　守口市の代表的な 4 つの財布（会計）と、お金が使われる団体等

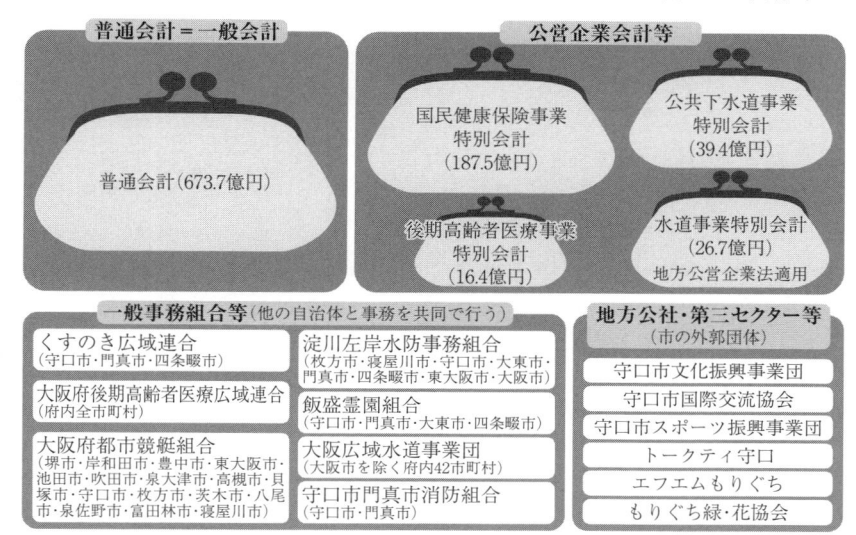

（金額は 2014 年度決算額、歳入総額または総収益）
出所：守口・財政を学ぶ会『守口市民　財政白書』2018 年 4 月、30 ページ。

## 2　一般会計と特別会計

　繰り返しになりますが、自治体の会計は一般会計と特別会計に分かれています（**図 5-2**）。一般会計は自治体の中心会計です。自治体の基本的な事業は一般会計に含まれています。金額の面でも大きな割合を占めています。一般会計が全体の財政に影響を与えます。

　一般会計とは別に特別会計がたくさん作られています。単一予算主義の原則によれば「会計は一つ」「予算は一つ」のはずで、本来特別会計があるのが例外ですが、そうはなっていません。自治体（**表 5-1**）の行う行政が格段に大きくなり複雑になってきたため、予算を一つにしておくよりも特別会計を設けたほうが分かりやすい場合も出てきた

図5-2　自治体の会計

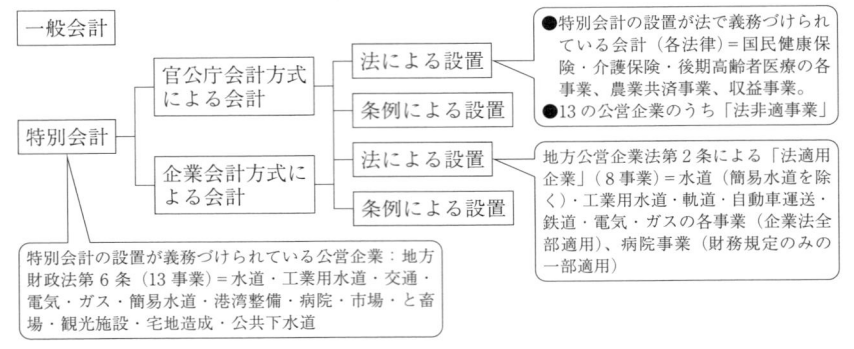

からだと考えられます。

　特別会計を設けることができるのは、①特定の事業を行う場合、②特定の歳入を特定の歳出に充て一般の歳入歳出と区分する必要がある場合です（地方自治法第209条）。①の例として、地方財政法第6条の公営企業会計などがあります。②の例として各種貸付金特別会計などがあります。

　特別会計のなかには、設置しなくてはならないことが個別の法律で定められているもの（必置制）があります。例えば、先ほどの地方財政法第6条の公営企業会計（13事業）の他に国民健康保険事業（国保法第10条）、介護保険事業（介護保険法第3条）などです。13事業とは、水道、工業用水道、交通、電気、ガス、簡易水道、港湾整備、病院、市場、と畜場、観光施設、宅地造成、公共下水道です。

　必置制の特別会計以外にも自治体は条例を作れば特別会計を設置することができます。そのために珍しい特別会計をたまに見かけます。大阪府摂津市には「パートタイマー等退職金共済特別会計」、徳島県鳴門市には「光熱水費等支出特別会計」があります。これらの会計は他の自治体では一般会計に含まれています。

## 特別会計の乱設と連結

　特別会計は単一予算主義の例外ですから、どうしても必要なものにとどめるべきです。しかし、実際には多くの特別会計が作られています。とくに財政規模が大きな自治体になるほど特別会計の数が多く、一つ一つの会計も大きくなります。例えば、大阪市の2017年度決算では一般会計・特別会計・企業会計あわせて16種類の会計があります。大都市ならではの特別な例ですが、どんなに小さな自治体でも、特別会計・企業会計があります。特別会計の乱設は財政を非効率にしたり分かりにくくして、住民を財政から遠ざける一因となります。全体に目配せしながら財政を把握していくのは大切です。

　会計間の資金の行き来も財政を複雑にしています。それぞれの会計は、完全に独立したものは少なく、たいがいは会計間をお金が行ったり来たりしています。公営企業のように、経費の負担区分の原則によって繰入れ・繰出しされているものもありますし、自治体が任意で繰入れ・繰出ししているものもあります。公営企業会計において起債で建設改良事業をした場合、その元利償還金の一部が地方交付税で措置されることがあります。その場合、措置された地方交付税はいったん一般会計に入り、そこから特別会計に繰り出される形をとります。このように会計は複雑な経路でつながっていますから、自治体の財政を見るときには、一般会計や普通会計だけを見ていても全体が分かりません。

　地方財政健全化法や公会計導入の際に「連結」という考えが打ち出されてきたのは、そういう弊害が背景にあるのではないでしょうか。

## 普通会計と一般会計等

　自治体の決算統計に**普通会計**という会計があります。地方自治法による正規の予算書や決算書にはない架空の会計ですが、決算カードや

表5-2　公営事業会計の範囲（普通会計にならない会計）

| |
|---|
| (1)　公営企業会計……①地方財政法第6条の13事業、②有料道路事業、③駐車場整備事業、④介護サービス事業 |
| (2)　その他の公営企業会計（地方公営企業法の全部・一部適用） |
| (3)　収益事業会計 |
| (4)　国民健康保険事業会計 |
| (5)　後期高齢者医療事業会計 |
| (6)　介護保険事業会計 |
| (7)　農業共済事業会計 |
| (8)　交通安全共済事業会計 |

出所：筆者作成。

地方財政状況調査表などいわゆる決算統計では必要な大切な会計です。

　総務省の決算統計作成要領には「普通会計とは、公営事業会計以外の会計を総合して1つの会計としてまとめたもの」と書かれています。表5-2に公営事業会計の名前を列挙しています。

　普通会計を大ざっぱにいいますと、「一般会計」に「一部の特別会計（土地先行取得事業、母子寡婦福祉貸付資金、心身障害者扶養共済事業、公債費管理など）」を加え、繰入れ繰出しの重複分を除いた純計のことをいいます。区画整理事業や市街地再開発事業の一部が普通会計から除外されたり、借換債が除かれたり、府県の流域下水道事業との関係で普通会計から除外されるものがあるなどたいへん複雑です。細かいことを知るより、分からなくなったら財政課に聞きましょう。

　これとは別に、地方財政健全化法では**一般会計等**という用語が出てきます。その範囲はほぼ普通会計に相当するものですが、普通会計は会計内の重複分を除外した純計ですが、一般会計等は重複したままの額を単純加算したものをいいます。

　このように「一般会計」「普通会計」「一般会計等」のよく似た3つの会計があります。金額が異なる自治体もあれば、なかにはまったく同額の自治体もあります。

## 3　一部事務組合と広域連合

　一部事務組合はいくつかの自治体が共同で特定の事務の処理を行う組織で表5-1の地方公共団体の組合の一つです。広域連合も自治体が共同で事務を処理する組織ですが、一部事務組合よりもさらに広域にわたり処理することが適当な事務を行う組織だとされています（表5-3）。広域連合はこれまでなじみが薄かったのですが、後期高齢者医療が始まったのをきっかけにすべての都道府県に作られ、存在を身近かに感じることができるようになりました。

　2016年度末で一部事務組合と広域連合は全国に1320あり、そのうち、もっとも多いのは、し尿・ごみ処理の一部事務組合で459（全体の35％）あります。その他では消防関係の組合が271（21％）で、両者で5割以上占めています。

　一部事務組合は、構成する自治体が分担金・負担金を出しあって運営します。2016年度の全国の一部事務組合等の歳入総額は2兆832億円ですが、うち自治体からの分担金・負担金が約7割の1兆5075億円を占めます。

表5-3　一部事務組合と広域連合

| 区　　分 | 一部事務組合 | 広域連合 |
|---|---|---|
| 団体の性格 | ・特別地方公共団体 | ・同左 |
| 構 成 団 体 | ・都道府県、市町村及び特別区<br>　ただし、複合的一部事務組合にあっては、市町村及び特別区 | ・都道府県、市町村及び特別区 |
| 設　置　の<br>目　的　等 | ・構成団体又はその執行機関の事務の一部の共同処理 | ・多様化した広域行政需要に適切かつ効率的に対応するとともに、国からの権限移譲の受入れ体制を整備する |

| | | |
|---|---|---|
| 国等からの<br>事務権限の<br>委　　任 | | ・国又は都道府県は、広域連合に対し法律、政令又は条例の定めるところにより、直接事務を処理することとすることができる<br>・都道府県の加入する広域連合は国に、その他の広域連合は都道府県知事にその権限に属する事務の一部を広域連合が処理することとするよう要請することができる |
| 構 成 団 体<br>との関係等 | | ・構成団体に規約を変更するよう要請することができる<br>・広域計画を策定し、その実施について構成団体に対して勧告することができる広域計画は、他の法定計画と調和が保たれるようにしなければならない<br>・広域連合は、国の地方行政機関、都道府県知事、地域の公共的団体等の代表から構成される協議会を設置できる |
| 設置の手続 | ・関係地方公共団体が、その議会の議決を経た協議により規約を定め、都道府県の加入するものは総務大臣、その他のものは都道府県知事の許可を得て設ける | ・同左<br>ただし、総務大臣は、広域連合の許可を行おうとするときは、国の関係行政機関の長に協議 |
| 直 接 請 求 | ・法律に特段の規定はない | ・普通地方公共団体に認められている直接請求と同様の制度を設けるほか、広域連合の区域内に住所を有するものは、広域連合に対し規約の変更について構成団体に要請するよう求めることができる |
| 組　　織 | ・議会―管理者（執行機関）<br>ただし、複合的一部事務組合にあっては、管理者に代えて理事会を設けることができる | ・議会―長（執行機関） |
| 議 員 等 の<br>選挙方法等 | ・議会の議員及び管理者は、規約の定めるところにより、選挙され又は選任される | ・議会の議員及び執行機関の選出については、直接公選又は間接選挙による（充て職は不可） |

出所：総務省資料。

## 4　設立法人・外郭団体

　自治体行政は自治体以外にも、地方公社、地方独立行政法人、第三セクターなどいろいろな組織が担っています。

### 地方公社と土地開発公社

　地方公社ですが、その定義ははっきりしていません。一般的には自治体の事業を代行させるために自治体が出資、出捐、資金貸付、補助金、債務保証などの財政援助を行っている自治体の外郭団体のことをいっています。総務省の「第三セクター等の状況に関する調査結果」では、土地開発公社、地方住宅供給公社、地方道路公社を地方三公社とよんでいます。

　土地開発公社は、公有地の拡大の推進に関する法律に基づいて自治体が 100% 出資して設立します。自治体からの依頼を受けて公共事業に必要な公共用地を先行取得することを目的にしています。土地開発公社には土地の先買い権（地主との優先交渉権）が与えられています。しかし公社には自治体からの出資金以外に基本財産はありませんから、土地の取得にあたっては金融機関などから借金して資金を調達しなくてはなりません。その際に自治体が債務保証します。この先買い権と自治体の債務保証によって自治体は土地を取得することができ、実際次々と取得してきました。しかし、今日では長期間にわたって事業化されず不良資産化した塩漬け土地が大量に保有されています。そのために財政が苦しくなっている自治体も少なくありません。地方三公社は大幅に減少しています。2013 年度 1654 でしたが、2017 年度には 764 に半減しています。

## 地方独立行政法人

　住民生活に必要で、地域社会や地域経済の安定に寄与するなど、公共性がある事務・事業は、本来なら自治体が直接行うべきですが、直接やると効率的・効果的な公共サービスにならないと自治体が判断した場合、民営化などアウトソーシングすることがあります。しかし、そのように単純に民間に任せてしまうと公共性・必要性が損なわれる心配があります。このような場合には地方独立行政法人という法人を設立し、自治体は50％以上出資するという方法があります。

　地方独立行政法人の対象となる業務は、①試験研究、②大学、高等専門学校の設置・管理、③主として独立採算制の8つの地方公営企業（簡易水道を除く水道、工業用水道、軌道、自動車運送、鉄道、電気、ガス、病院）と政令で定める事業、④社会福祉事業の経営、⑤公共的施設（介護老人施設、大規模な会議場・展示場・見本市場施設）の設置・管理、⑥前記5業務の附帯業務、となっています。

　地方独立行政法人化にたいしては慎重な意見も多く出されています。次のような点をよくチェックする必要があります。①採算優先になり、公的責任があいまいになっていないか、②議会の関与・チェックがきちんとなされているか、③情報公開などが保障されているか、④職員の身分や労働条件に問題はないか、などです。

---

## ここでのまとめ

◇自治体行政を担う財政は自治体の一般会計や特別会計だけではなく、一部事務組合や広域連合、設立法人・外郭団体といったさまざまな関係組織が担っている。

◇本来は「会計は一つ」のはずである。しかし、自治体が担う事務・事業が複雑・多岐にわたるようになり、特定の支出と収入

を結びつけて処理した方が分かりやすい場合もでてきたため、
特別会計が作られるようになった。

◇特別会計は地方公営企業をはじめ、法律で特別会計を設けること
とが義務づけられている場合がある。

**理解してみよう。調べてみよう。**

◇わがまちにはどんな特別会計があるのか、確認しよう。

◇わがまちにはどのような一部事務組合や広域連合、そして外郭
団体があり、どのような役割を果たしているのか調べてみよう。

# 第6章

## 地方公営企業のしくみ

**ここで学びたいこと**

◇自治体の事業には病院、水道、下水道といった地方公営企業がある。地方公営企業は、一般行政と異なり、企業会計方式が適用される。ここでは、企業会計の考え方としくみを学ぼう。

## 1 地方公営企業とは

　自治体は住民福祉の向上を目的にさまざまな仕事をしていますが、そのなかには水道、下水道、病院、交通などの企業的な事業があります。これらを**地方公営企業**（以下、「公営企業」）といいます。公営企業はサービスの効果が特定の個人に、個別に、金銭の直接の反対給付として提供され、受益と費用負担との関係がはっきり分かります。例えば水道なら使った量は各家庭に取り付けられたメーターで計ることができ、使用量に応じて料金が決まります。また地下鉄に乗って移動するとその区間によって料金が決まっています。この点で、公営企業は税金で公共サービスを提供する一般的な財政活動とは違います。[1]

---

1　この点は第1章を参照してください。もちろん、これらの事業でも、きわめて公共性が高い

公営企業の範囲は、「交通・ガス・水道その他地方公共団体のおこなう企業」（地方財政法第5条）とされ、地方債を発行できる事業とされています。そのうち13事業は特別会計を設置しなくてはなりません（地方財政法第6条）。

公営企業の数は全国で8534事業あります（2016年度決算）。うち下水道が43％、水道（簡易水道を含め）24％、病院7％で、3事業で7割を超えています。その他に介護サービス、宅地造成、観光施設などがあります。決算規模は16兆9300億円で、うち下水道が5兆4700億円（32％）、病院4兆5600億円（27％）、水道3兆9900億円（24％）で、3事業で8割を超えています。上下水道と病院は数でも事業規模でも大きな割合を占めています。

### 経営原則

公営企業は一つ一つが企業性のある経営体であるとされています。公営企業は、その企業の収入で経費を賄うことを建前とする管理方式・制度を原則にしています。これを**独立採算制**といいます。

しかし、いくら独立採算制だといっても、自治体が提供する公共サービスですから、民間企業と違って利潤を追求することが目的ではありません。地方公営企業法（以下、公企法）第3条には公営企業の理念として「地方公営企業は、常に企業の経済性を発揮するとともに、その本来の目的である公共の福祉を増進するように運営されなければならない」と定められています。公営企業の経営原則は「企業の経済性の発揮」と「公共の福祉の増進」ですが、「公共の福祉の増進」が本来の目的であることを忘れてはなりません。ただ、ほとんどの公営企業は両者の間のジレンマに悩んでいるのが現実です。

---

と判断すれば租税を財源とすることも当然です。

## 2　公営企業方式と官公庁会計——会計・財務の違い

　これまで学んだ一般会計などの会計処理方式は、単式簿記と現金主義に基づく官公庁会計です。それに対して、公営企業会計は、これとは別の複式簿記、発生主義の企業会計方式です。民間企業の財務方式に近いものです。最近自治体のなかにこの方式が増えていて、例えば官公庁会計方式で処理していた下水道会計が企業会計方式に変ったりしています。指定管理者の法人や企業は企業会計方式で財務書類を作成・公表しています。

　企業会計は、利潤の最大化を目的にした民間企業向けの会計です。その点で、国民から集めた税収入を社会全体に有効に配分することを目的にした自治体には本来ふさわしくありません。ですから、自治体に企業会計を導入するのは慎重であるべきです。ただ、そんなことをいっていられない状況であることも確かですから、企業会計方式も学び、自治体財政を見る目を強く確かなものにしておく必要があります。

　公営企業は地方財政法で13事業が定められ、うち8事業は公企法の全部または一部が適用されます。これを「**法適用**」事業といいます。8事業とは、水道（簡易水道を除く）、工業用水道、軌道、自動車運送、鉄道、電気、ガス、病院です（地方財政法施行令46条）。8事業以外の公営企業は「**法非適用**」事業といいます。法非適用の公営企業も条例で法適用事業にすることができます。これを**任意適用**といいます（図6-1）。

　このように法適用事業は企業性の強いサービスとして、事業に必要な経費は自らの事業収入で賄うこと、つまり独立採算が求められます。そのために公営企業は特別会計の設置が義務づけられます。さらに法適用事業には、公企法の財務規定が適用されるわけです。財務規定に

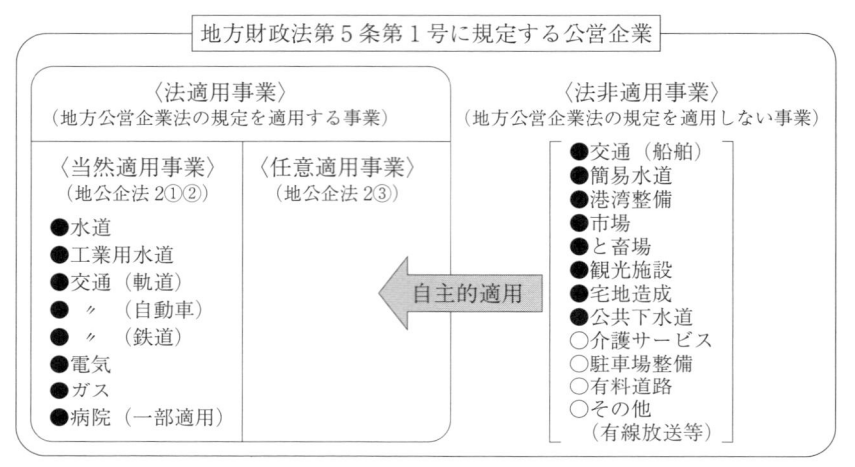

図6-1　地方公営企業法の適用範囲

地方財政法第5条第1号に規定する公営企業

〈法適用事業〉
（地方公営企業法の規定を適用する事業）

〈法非適用事業〉
（地方公営企業法の規定を適用しない事業）

〈当然適用事業〉
（地公企法2①②）

●水道
●工業用水道
●交通（軌道）
● 〃 （自動車）
● 〃 （鉄道）
●電気
●ガス
●病院（一部適用）

〈任意適用事業〉
（地公企法2③）

自主的適用

●交通（船舶）
●簡易水道
●港湾整備
●市場
●と畜場
●観光施設
●宅地造成
●公共下水道
○介護サービス
○駐車場整備
○有料道路
○その他
　（有線放送等）

※●のついたものは、地方財政法第6条に規定する特別会計設置義務のある13の公営企業。
　交通4事業は同法では1事業としている。

※法非適事業に地方公営企業会計を自主的に任意適用することができる。（簡易水道、下水
　道の任意適用には特別交付税措置）

出所：総務省「地方公営企業法の適用に関するマニュアル」11ページに筆者が加筆。

は「企業会計を採用する」とは明記されていませんが、内容は事実上
企業会計です。

## 公営企業会計と官公庁会計の考え方の違い

　公営企業会計は、官公庁会計と考え方や処理方法が異なります。そ
のため官公庁会計に慣れた人は公営企業会計になかなかなじめません
が、がんばりましょう。

　第一の違いは、官公庁会計が現金主義なのに対し公営企業会計は**発
生主義**です。

　現金主義では、受取り、支払いという形で現金が動いた時点で記帳
します。税金は納められたときに歳入に記帳されますし、歳出では、代

図 6-2　現金主義と発生主義

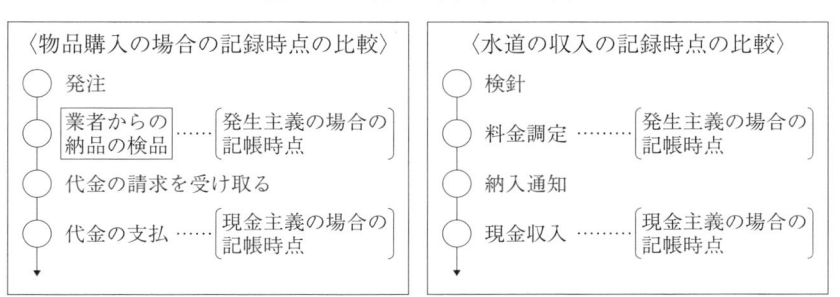

出所：総務省「地方公営企業法の適用に関するマニュアル」78 ページ。

金を支払った時点で記帳されます。しかし、発生主義では、現金が動いた時点ではもちろんですが、その前に例えば水道では料金を調定したとき、つまり債権が発生した時点で記帳します。また、施設の建設工事や物品購入の場合は現金の支払いがなくても、検収して債務が発生した時点で記帳されます（**図 6-2**）。

　第二に、官公庁会計が現金の動きだけを記録する単式簿記なのに対して、公営企業会計は**複式簿記**で記帳します。

　経済活動は財貨・貨幣・用役などの経済価値が相互交換されることで成り立っています。一方の経済価値の増加は他方の経済価値の減少になるという二つの側面があります。例えば、病院会計が用地を 5 億円で購入したとします。現金主義の単式簿記では、病院会計が土地代として支払った 5 億円だけが歳出として記帳されます。しかし公営企業会計では、現金が 5 億円減り、土地の資産が 5 億円増えたと記帳されます。このように公営企業会計ではすべての経済価値の変動が記録されます（**図 6-3**）。

　第三に、**期間の考え方**が違います。官公庁会計では、現金が支出されればすべてその年度の歳出です。しかし、公営企業会計では、その年度の収益に役立ったものはその年度の費用（歳出）となりますが、

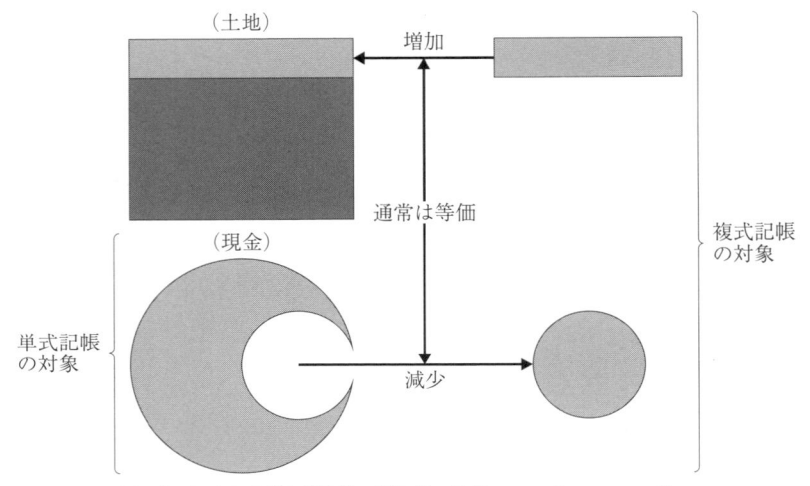

図6-3 単式記帳と複式記帳

例：土地購入の取引

（土地）

増加

通常は等価

複式記帳の対象

（現金）

単式記帳の対象

減少

出所：細谷芳郎『図解地方公営企業法第3版』第一法規、2018年、97ページ。

図6-4 単式記帳と複式記帳

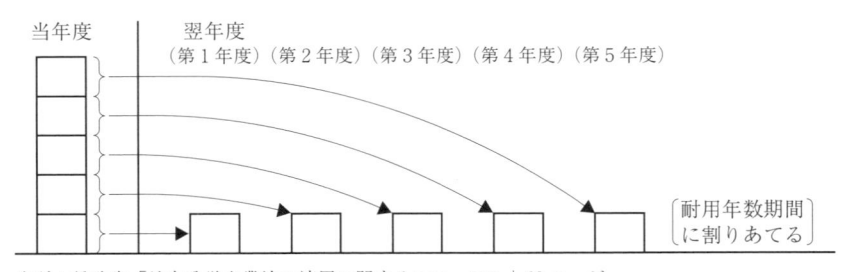

当年度　　翌年度
　　　　　（第1年度）（第2年度）（第3年度）（第4年度）（第5年度）

耐用年数期間に割りあてる

出所：総務省「地方公営企業法の適用に関するマニュアル」63ページ。

建物の建設改良のように効果が翌年度以降に及ぶ部分は資産に計上し、翌年度以降の費用（減価償却費）となります（**図6-4**）。

　第四に、官公庁会計では、総計予算主義の原則により、一切の収入は歳入予算に、一切の支出は歳出予算に計上しなくてはなりません。しかし、公営企業会計では損益取引と資本取引に区分し、**二本建て予算**

図6-5　公営企業の二本建て予算

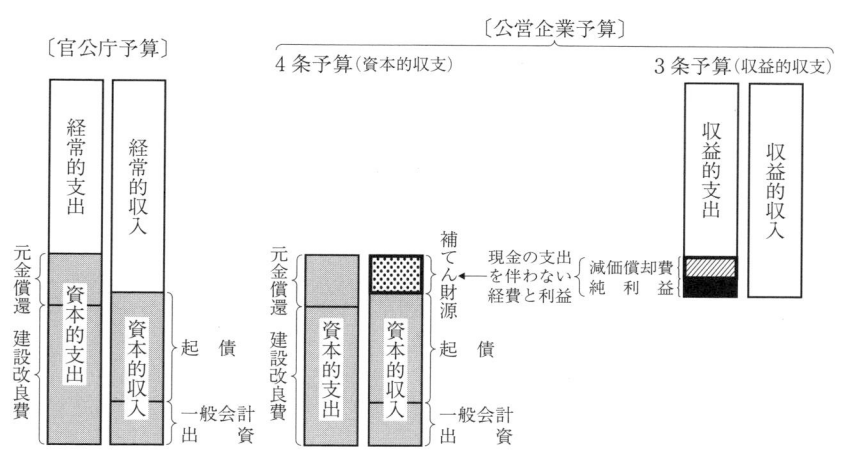

出所：地方公営企業制度研究会編『公営企業の経理の手引（平成20年9月）』地方財務協会、2008年、5ページに筆者が一部加筆。

となります（**図6-5**）。期間の考え方の違いによるものです。

　損益取引とは、経常的な経営活動によりその年度中の利益を増減させる取引のことをいいます。これに対して資本取引とは、年度中の利益を増減させる営業活動でなくても、将来の利益につながる施設設備の整備などの取引のことをいいます。損益取引の予算は**収益的収支**（**3条予算**）[2]にまとめられ、資本取引は**資本的収支**（**4条予算**）にまとめられます。

　第五に、公営企業会計には資産、負債及び資本という概念がありますが、官公庁会計では、それほど強くありません。官公庁会計の決算書には「財産に関する調書」や「運用基金に関する調書」が添付されますが、土地や建物には金額は表示されず面積しか計上されません。道路・橋りょう・河川・河岸・港湾・漁港は記載そのものがありません。

---

2　3条予算と4条予算は、地方公営企業法施行規則第12条別表5号の第3条と第4条に様式が書かれているため、この名前が付いています。

負債の地方債は現在高などがまったく掲載されていません。「資本」という概念そのものもありません。

　なお、官公庁会計だからといって、例えば土地を購入した事実が記録されないとか、土地台帳がないというわけではありません。しかし、資産・負債の管理は不十分です。

## 二本建て予算

　第四の二本建て予算についてもう少し詳しく述べます。

　３条予算は、公営企業の事業年度中の経営活動で生まれた収益（**収益的収入**）とそれに対応する費用（**収益的支出**）で構成されます。その年度の損益計算書につながります。

　３条予算の収益的収入には、サービスの対価として得た料金（水道料金、病院の診療収入など）や受託工事費などの「営業収益」、受取利息や他会計補助金などの「営業外収益」、その他の「特別利益」があります。

　３条予算の収益的支出には、人件費・材料費・減価償却費などの「営業費用」、支払利息などの「営業外費用」、その他の「特別損失」があります。収益的収入に対応したものです。

　もう一つの予算である４条予算は、支出効果が翌年度以降に及ぶ資本的支出と、それに対応する資本的収入で構成されます。施設設備への出資（建設改良費）が資本的支出となり、その財源である企業債や一般会計などからの長期借入金（元金償還のみ。利子の支払いは３条予算の営業外費用）が資本的収入です。

　４条予算は貸借対照表につながりますが、予算内容を簡素・明確にするために、すべての取り引きが計上されているわけではなく、現金の収支を伴うものだけしか計上されません。ですから４条予算とその事業年度の予定貸借対照表は金額が一致しません。

　4条予算において、資本的収入が資本的支出に不足する場合は、企業内部に留保されている自己資金で補塡します。補塡財源として、損益勘定留保資金（減価償却費など）や利益剰余金などを使うことができます（図6-5）。

## 公営企業と民間企業の違い

　同じ企業会計方式でも、公営企業と民間企業とでは異なるところがあります。例えば公営企業には予算がありますが、民間企業にはありません。公営企業は住民自治の観点から議会の議決などによって住民の意思を反映させるなど、事前の統制が必要だからです。

## 損益計算書と営業成績

　公営企業会計には、予算書、決算書関係の書類（表2-4、35ページ）には前年度の損益計算書（図6-6）と貸借対照表（図6-7）という官公庁会計にはない書類があります。

　**損益計算書**（PL）には公営企業の経営成績が表示されます。成績といっても儲けでなく採算がとれているかどうかという判断資料です。収益的収支（3条予算）が損益計算書につながります。収益的収入の営業収益、営業外収益、特別利益は損益計算書に移ります。収益的支出も同じです。3条予算と損益計算書は、収益・費用ともほぼ同額です。3条予算には消費税が含まれ、損益計算書には含まれません。その分だけ金額が異なります。

　損益計算書の営業収益と営業外収益を合わせたものを経常収益といい、営業費用と営業外費用を合わせたものを経常費用といいます（図6-6）。また、経常収益に特別利益を加えたものが総収益とよび、経常費用に特別損失を加えたものを総費用とよんでいます。

　損益計算書の総収益から総費用を控除して、黒字になれば「純利

## 図6-6 損益計算書の内訳

損益計算書

○1年間の経営成績を明らかにするもの。
○営業損益計算、経常損益計算及び純損益計算の区分を設ける。
○現金支出を伴わない減価償却費や減損損失も計上される。
○減価償却費等の見合いで収益化される現金収入を伴わない長期前受金戻入が計算される。

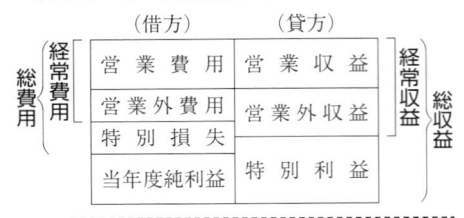

※損益計算書を利用して、以下のポイント等を検証・検討することが重要。
(1) 赤字構造か黒字構造か
(2) どの程度公的支援に依存しているか
(3) 費用縮減できる項目はないか
(4) 適切な料金水準はどの程度か

〈損益計算書〉

```
1  営業収益
       料金収益
2  営業費用
       減価償却費
       資産減耗費
   営業損益〔1-2〕
3  営業外収益
       長期前受金戻入
       受取利息
4  営業外費用
       支払利息
   経常損益〔営業損益＋3-4〕
5  特別利益
       固定資産売却益
6  特別損失
       減損損失
   当年度純利益
   前年度繰越利益剰余金
   その他未処分利益剰余金変動額
   当年度未処分利益剰余金
```

出所：総務省資料に筆者が一部加筆。

益」で、赤字の場合は「純損失」となります。あわせて「純損益」とよんでいます。経常収益から経常費用を控除して、黒字になれば「経常利益」で、赤字の場合は「経常損失」となります。あわせて「経常損益」とよんでいます。

　純損益と経常損益は法適用企業の経営成績を見るうえで基本的な指標となります。その比率を見る指標として、「総収支比率」（総収益÷総費用）と「経常収支比率」[*3]（経常収益÷経常費用）を用います。

---

3　経常収支比率という指標は、普通会計の分析でも出てきますが、別物です。普通会計では数値が大きい方が「良くない」とされていますが、公営企業では大きい方が経営的に「良い」とされます。

## 貸借対照表と資産・負債の管理

　官公庁会計に存在しないもう一つの書類が**貸借対照表**（BS）（図6
－7）です。貸借対照表は、公営企業が保有している資産、負債及び資
本を一覧に表示します。貸借対照表は「資産＝負債＋資本」となって
いることからバランスシートともいわれます。

　「資産」は、経営の活動手段をどのような形態で保有しているかを示
します。例えば、土地、建物など流動性が小さく長期間にわたって所
有され利用される「固定資産」の形態で保有しているのか、それとも
現金や、1年以内に回収または販売により現金化し支払手段となりや
すい「流動資産」で保有しているのか、といった具合です。「固定」と
「流動」の区分は、1年という期間に資産を換金できるかできないかで

図6-7　貸借対照表の内訳

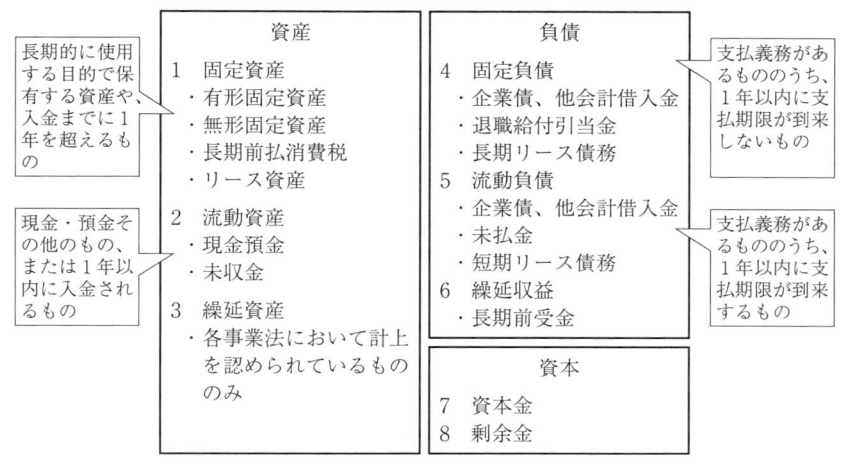

出所：総務省資料。

分類しています。できない資産が固定資産、できる資産が流動資産です。これをワン・イヤー・ルールといいます。

固定資産、流動資産の他に、開発費、試験研究費などの繰延資産の項目があります。しかし、最近の公営企業法の改正によって新たな繰延資産は認められなくなりました。

「負債と資本」は、資産がどのような源泉から導入されたかを示します。負債には、建設改良のためにおこなった借金（企業債）などの返済義務がある負債の他、未払い金など信用取引から生じる債務、それに将来発生する可能性が高い費用や損失である引当金（退職給付引当金など）があります。資本は負債を除いた資産です。

## 3 経費の負担区分と繰出基準

公営企業の経営原則は独立採算制です。しかし、本来の目的は「公共の福祉の増進」ですから、完全に独立採算を貫くのには無理があります。そんなことをすれば「公営」の役割を果たせなくなります。そこで、一定の経費は一般会計から繰入れをして負担します。これを**経費の負担区分**とよんでいます（公企法第17条の2。**表6-1**）。一般会計等が、義務的に負担しなくてはなりません。

これには2種類あります。一つは、もともと公営企業の経営に伴う収入を充てることが適当でない行政経費で**1号経費**といいます。公営企業でやるべきではない経費です。公共の消防のための消火栓に要する経費（水道）や救急医療の経費（病院）などです。

もう一つは、いくら能率的な経営を行っても採算をとるのが客観的に見て困難な不採算経費で**2号経費**といいます。公営企業でやるのに無理がある経費です。中山間地、離島での医療経費（病院）などです。公企法では、1号経費（6経費）、2号経費（4経費）合わせて10経費

表6-1　経費負担区分

| | 行政経費（1号経費）<br>（公企法第17条の2第1項第1号） | 不採算経費（2号経費）<br>（公企法第17条の2第1項第2号） |
|---|---|---|
| 水道事業 | ①　公共の消防のための消火栓に要する経費その他水道を公共の消防の用に供するために要する経費<br>②　公園その他の公共施設において水道を無償で公共の用に供するために要する経費 | |
| 工業用水道事業 | ①　公共の消防のための消火栓に要する経費その他工業用水道を公共の消防の用に供するために要する経費 | |
| 軌道事業 | | ②　軌道事業の用に供する車両以外の車両が運行することにより必要を生じた軌道敷の維持、修繕及び改良に要する経費<br>③　道路における交通の混雑を緩和するため軌道事業を経営する地方公共団体の長が必要と認めた場合に行なう軌道の撤去に要する経費 |
| 病院事業 | ①　看護婦の確保を図るため行う養成事業に供する経費<br>②　救急の医療を確保するために要する経費<br>③　集団検診、医療相談等保健衛生に関する行政として行われる事務に要する経費 | ①　山間地、離島その他のへんぴな地域等における医療の確保を図るため設置された病院又は診療所でその立地条件により採算をとることが困難であると認められるものに要する経費<br>②　病院の所在する地域における医療水準の向上を図るため必要な高度又は特殊な医療で採算をとることが困難であると認められるものに要する経費 |

出所：総務省資料より作成。

が明記されていますが、それにとどまらず毎年度総務省から自治体に「地方公営企業繰出金について」という通知で**繰出基準**が示されます。この繰出基準に基づく繰出しを基準内繰出、それ以外を基準外繰出といいます。基準内繰出の多くは地方交付税で措置されています。

　1号経費、2号経費は出資、長期貸付、負担金などの方法で行われ

ます。それ以外にも任意の「補助」「出資」「長期貸付け」などを一般会計などから行うことができます。

## 4　地方公営企業の予算書・決算書

法非適用事業の予算書・決算書は一般会計などと同じ官公庁会計の様式で作られます。これに対して、法適用事業の予算書や決算書は次のように作られます。

公営企業の予算書には12の書類（公企法第24条、同施行令第17条）、6つの「予算に関する説明書」（公企法第25条、施行令第17条の2）が作られます。

会計年度が終わると3カ月以内（6月）に企業管理者が決算書を作ります。決算書には、5つの書類、決算附属書類には6つの書類が作成されます（公企法第30条、施行令第23条、施行令第26条の2）。

## 5　公営企業会計の改正と今後のあり方

2014年度に新しい地方公営企業会計制度が実施されました（一部は2012年度から）。改正によって決算統計の数値に以前のものと違いが出ていることがあります。注意してください。

改正前は、建設改良向けの企業債や他会計からの長期借入金は借入資本金として、貸借対照表の資本の部に計上されていました。しかし、改正後は負債の部に計上されています。そのため表面的に負債が増えることになります。

またこの改正で「みなし償却」制度が廃止されました。みなし償却では、固定資産を取得する際に交付された補助金などを控除した額が帳簿原価とみなされていました。これが廃止されましたので、減価償

却額が大きくなり、経常収益が縮小します。

　退職給付引当金の計上が義務化されたことにも注意してください。

　総務省は、2017年3月に「公営企業の経営のあり方に関する研究会報告書」をまとめました。ここでは、公営企業の経営環境の厳しい現状や将来の見通し・リスクを「見える化」して「抜本的な改革」を検討することが必要としています。その検討にあたっては、①公営であることの必要性、②事業としての持続可能性、③経営形態の3点から整理し、事業廃止、民営化・民間譲渡、広域化など、民間活用の方向性で改革することが必要だと述べています。

　公営企業の民間活用でいま焦点になっているのは水道事業の民営化と広域化です。水道法が2018年12月に改正され、これまで公的に進められてきた水道事業に民間事業者が参入できるようになりました。そのやり方は公共部門が一体的に担ってきた水道事業を、施設所有権と運営権を切り離し、運営権を民間事業者に担わせようというものです。このやり方をコンセッション方式とよんでいます。

　立命館大学の仲上健一先生[4]によると水道事業は次の4つの課題を抱えているといわれています。第一に人口減少社会の到来、第二に管渠など施設の老朽化の進行と更新の遅れ、第三に自然災害による水道被害の多発、第四に水道事業に携わる職員数の減少をあげています。水道法の改正は、これらの課題を事業の民営化・広域化によって解決しようというものです。しかし、外国の例を見てもいったん民営化が失敗し、再公営化される例が数多く見られます。水道料金の値上げ、水質の悪化などが見られます。

　地方公営企業会計の分析は、これまでも病院や水道について個々にたくさん行われてきました。最近では病院会計については、病院閉鎖も現実のものになっていることもあって分析事例も出てきています。

---

4　仲上健一「持続可能な水道を考えるシンポジウム」2018年12月15日。

『地域医療をまもる自治体病院経営分析』（金川佳弘著、自治体研究社、2008年）など具体的な分析手法に関する本も出版されています。もちろん、水道や下水道会計についてもいろいろな解説書が出版されています。

　地方公営企業の財政・経営分析は、それぞれの自治体・事業について固有の事情があるため一般的な手法を確定することは難しいのですが、経営状況の判断指標という点では「累積欠損金」や「不良債務」に注目すべきです。特に不良債務の有無は赤字企業の基礎となる重要なキーワードです。不良債務は、公営企業の負債のうち資金が不足したときに短期的に借り入れたものをいい、流動負債が流動資産を上回り、運転資金がマイナスになると不良債務が生まれます。

---

### ここでのまとめ

◇地方公営企業の経営原則は、「企業の経済性の発揮」と「公共の福祉の増進」の二つである。公営企業が公共的役割を果せるよう、一般会計と公営企業会計との間に経費の負担区分の原則が定められている。

◇地方公営企業法が適用される事業は、発生主義、複式簿記をはじめとする企業会計方式で会計処理されている。

◇地方公営企業会計では、公営企業の経営成績を示す損益計算書と、企業の資産・負債などを示す貸借対照表が作成される。

### 理解しよう、調べてみよう

◇わがまちにはどのような公営企業があるのか。またどんな役割を果たしているのか。公営企業のうち地方公営企業法の適用・非適用事業には何があるか確認してみよう。

# 第7章

## わがまちの財政健全度を量る指標

---

**ここで学びたいこと**
◇わがまちの財政を調べるためにはどのような指標があるのか。
　意味を理解しよう。
◇その指標をどのように読み取ればいいのか。

## 1　普通会計指標の読み方

　わがまちの財政が良いとか悪いとか、話題になります。その際に比べられる代表的な指標を見てゆきます。普通会計関係指標から……。

### 1　経常収支比率

　まず経常収支比率です。比率が高いと財政が硬直化しているなどといわれます。

**経常収支比率の計算式の意味**
　経常収支比率はその名の通り収支の割合を見る指標の一つです。
　自治体財政は、収入（財源）も支出（経費）も、どちらにも経常的

性質をもつものと臨時的性質をもつものがあります。ここでいう「経常的」とは「毎年継続的」といった意味で、「臨時的」とは「一時的、非日常的、偶発的」といった意味合いです。経常的性質をもつ歳入が経常財源で、歳出が経常経費というわけです。この経常財源と経常経費との収支を経常収支といいます。一方、臨時的性質をもつ歳入が臨時財源で、歳出が臨時経費となります。

　家計で例えると、賃金や年金などの経常収入（財源）によって、食費、家賃、ローン返済などの経常支出（経費）をどの程度賄えるか、その割合が経常収支比率（図7−1右上算式）です。経常収支比率をエンゲル係数に例える人もいます。経常収支で余裕が出たり、親からの仕送りや貯金などの臨時収入が入ると、映画を観たり、旅行に行ったりします。これが家計における臨時収支です。

　この関係は公営企業会計の2本建て予算に似ています。公営企業会計では収益的収支と資本的収支に分けていますが、普通会計では一つの予算に混在しています。経常収支はこれを経常と臨時を基準に分離して、状況を見ようというわけです。

　図7−1右上の経常収支比率の計算式をご覧ください。計算式の分子にも分母にも一般財源しかなく、特定財源は除外されています。なぜでしょうか。

　第4章でふれたように、財源は一般財源と特定財源に分かれます。一般財源は使い道が自由な財源、特定財源は使い道が決まっている財源のことでした。例えば生活保護国庫負担金（特定財源）は生活保護費にしか使えません。また国は必要額しか負担しません。ですから特定財源は「歳入（財源）＝歳出（経費）」となり、余りは出ません。つまり、自治体の収支（黒字、赤字）は特定財源からは生まれず、一般財源の多い少ないによってしか生まれないことを示しています。「一般財源＞充当一般財源」なら黒字となり、逆なら赤字です。経常収支比率

図 7 - 1　経常収支比率のしくみ

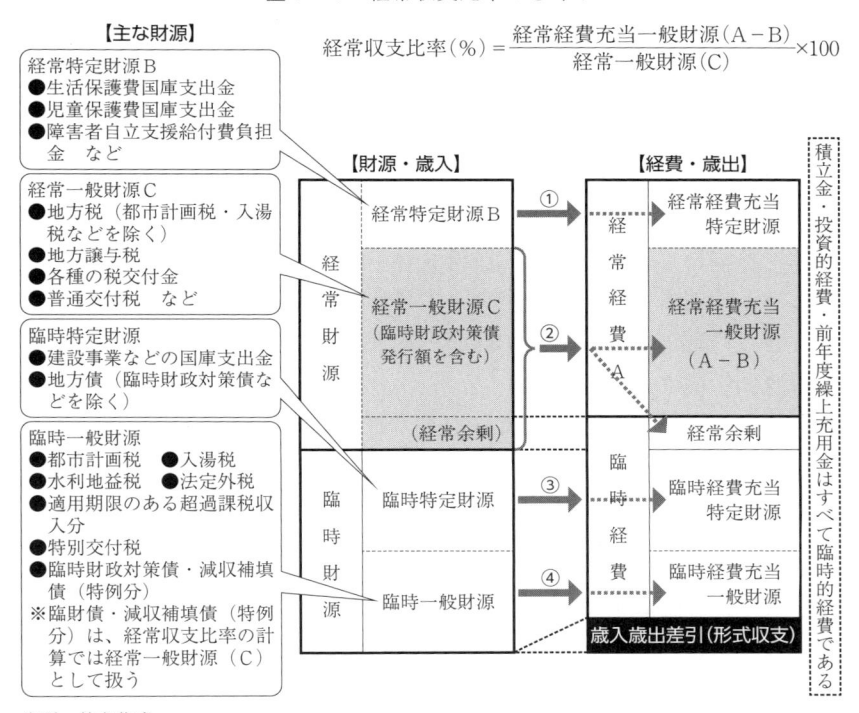

出所：筆者作成。

の計算で、特定財源を除外するのはこういう事情からです。

## 自治体での財源配分と財政構造

　自治体は予算を編成するとき、どのように財源を配分するのでしょうか。

　例として生活保護費を取りあげます。生活保護費は、受給者へ支払われる扶助費や担当ケースワーカーの賃金（人件費）が主なもので、これが**図 7 - 1**の「経常経費 A」です。その財源は、政府から国庫支出金が「経常特定財源 B」として交付されます（**図 7 - 1**の矢印①）。生

活保護費では、Ｂの額はＡの４分の３で、残り４分の１は自治体が負担します。それが、地方税や普通交付税などの「経常一般財源Ｃ」です（図７−１の矢印②）。

このように自治体はまず、経常経費に経常財源を充て、もし「経常一般財源Ｃ」に残額が出れば、これを「経常余剰」（Ｂ＋Ｃ−Ａ）として、臨時経費の財源に回します。

次に自治体は、臨時経費の財源を調達します。臨時経費の代表的な例である公共事業費（補助事業）の場合、国から国庫支出金が交付され、さらに地方債を発行して財源を確保したとします（いずれも臨時特定財源。図７−１の矢印③）。さらに都市計画税などの臨時一般財源（図７−１の矢印④）が充てられます。もちろん経常収支での経常余剰も使われます。こうして臨時経費にいろいろな財源が割り当てられます。最終的に財源が残ればその額が歳入歳出差引（形式収支）の黒字となります。このような経常収支と臨時収支の形で財源が配分された姿を自治体の**財政構造**といいます。

経常収支比率が100％より低ければ低いほど経常余剰が大きくなり、財政構造に余裕ができます。逆に高くなると財政が硬直化しているといわれ、100％を超えると経常収支が赤字となり、この場合、赤字分を埋めるため臨時一般財源を充てなくてはなりません。どうしても埋めることができなければその自治体の形式収支が赤字となります。

### 経常収支比率の構成と変化

図７−２は経常収支比率（市町村）の変化です。1990年代初めには70％前後でしたが、1994年度に80％を、2004年度には90％を超えました。2010年度に少し下がりましたが、依然として90％を超えたままです。高水準を続けています。

経常収支比率は性質別経費ごとに計算されます。そのうち人件費、

図7-2　経常収支比率（市町村）の推移

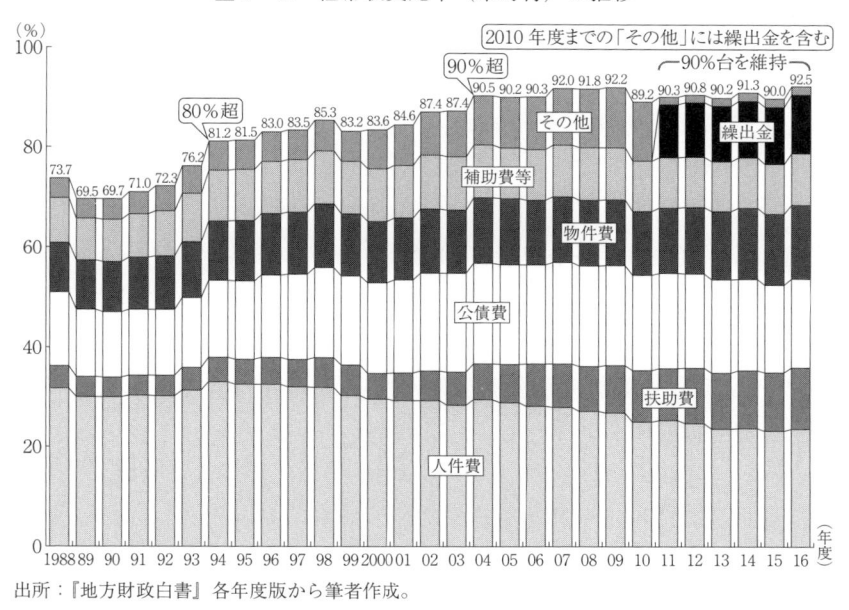

出所：『地方財政白書』各年度版から筆者作成。

扶助費、公債費の3つは任意に削減できない経費という意味で義務的経費とよびます。2016年度の経常収支比率は92.5%で、うち義務的経費は53.8%でした。とくに人件費の率が高く23.7%でした。

　人件費はこの20年間で急激に下がりました。削減できない義務的経費といいながら、実際には削りにくいどころかこれまでずっと最大の削減対象となってきました。

　扶助費は10数年間に急増しています。逆に、公債費は2010年度から減っています。繰出金は、国民健康保険、後期高齢者医療、介護保険の会計などへの繰出しが最近増えています。

　投資的経費（普通建設事業費、災害復旧費など）、積立金、前年度繰上充用金は臨時経費ですから計算されません。

　経常収支比率を見る場合に注意しなくてはならないのは、この比率

は分子を分母で割り算した分数だということです。分母が一定なら比率は分子の増減で上下しますし、分子が余り変わらなければ分母の増減で上下します。2000年代から三位一体の改革の時期に比率が上がったのは、経常一般財源（分母）が抑制された影響も無視できません。分子・分母を総合的に見る必要があります。

### 根拠のない70% 妥当・80% 硬直化論

　最近はいわれることが少なくなりましたが、経常収支比率は都市では75%、町村では70% が妥当な水準で、都市では80%、町村では75% を超えると財政構造が硬直化しつつあるとされてきました。この「70% 妥当論」「80% 硬直化論」は正しくありません。

　75% 妥当論などはいつごろからいわれ始めたのでしょうか。

　経常収支比率的な考え方が政府の解説書に登場したのは、1962年の『市町村財政分析の手引』（自治省財政局調査課編）に「経常経費に対する経常一般財源収入の充当割合」という記述が最初ではないでしょうか。その3年後の『市町村における決算統計と財政分析』（同課編）にも同じ表現が見られますが、経常収支比率という言葉はまだ見られません。

　経常収支比率という用語が登場したのは1969年の『財政分析—市町村財政効率化の指針』（自治省財政局指導課編）です。同書は、決算分析の仕方や行政水準の測定方法、財政計画のたて方、地方財政運営の基本原則、財政分析の着眼点などが詳細に記されています。今日わたしたちが財政分析に用いている指標が多数登場しています。そして同書の「財政構造弾力性確保の原則」の箇所に分析ポイントとして経常収支比率があげられ、1967年度決算の比率が、都市では73.3%〜83.9%、町村では67.7%〜84.0% に分布していると記されています。そのうえで「少なくとも75% 程度におさまることが妥当で、80% を超え

ると財政構造は弾力性を失いつつある」と述べています。70% 妥当論、80% 硬直化論の出自は 50 年前のこのあたりではないでしょうか。

　しかし 70% がなぜ妥当なのか根拠は示されていません。当時の水準をもとに妥当だといっているだけです。

　ただ、50 年前にはそれなりの納得できる事情があったのかもしれません。当時は高度経済成長の時代で、都市を中心に人口が増え、学校・保育所の建設や道路整備が急がれる時代でしたが、公共事業費の確保が難しいという矛盾に陥っていました。そのため経常収支比率を低く抑えて経常余剰を生み出す必要性があったものと考えられます。

## 【経常収支比率にどう向き合うか】

　経常収支比率には絶対的な妥当水準はありません。経常収支比率は、公共サービスの水準、あるいは他の財政指標との関係で妥当性を考えるべきです。多くのサービスを直営で行っている自治体は人件費部分が高くなり、逆の場合は委託料や賃金が増え物件費が高くなるかもしれません。まちづくり事業を地方債を発行して行っている自治体は、将来的に公債費部分が高くなります。このように経常収支比率はさまざまな財政運営の違いによって内容が異なり、高低に違いが出てきます。経常収支比率は他指標と関連させて評価すべきです。

## 【臨時財政対策債の発行と経常収支比率との関係】

　臨時財政対策債を発行しないと経常収支比率は高くなります。決算カードの経常収支比率欄には二つの数字が書かれています。そのうち（　）内の数値は「減収補塡債（特例分）及び臨時財政対策債除く」比率です。発行すると経常一般財源に含まれ分母が大きくなり、経常収支比率が小さくなります。

## 2　地方債残高と積立金残高の現状

　自治体の借金である地方債残高と貯金である積立金残高は、自治体

## 図7-3 自治体財政の借入金残高の変化

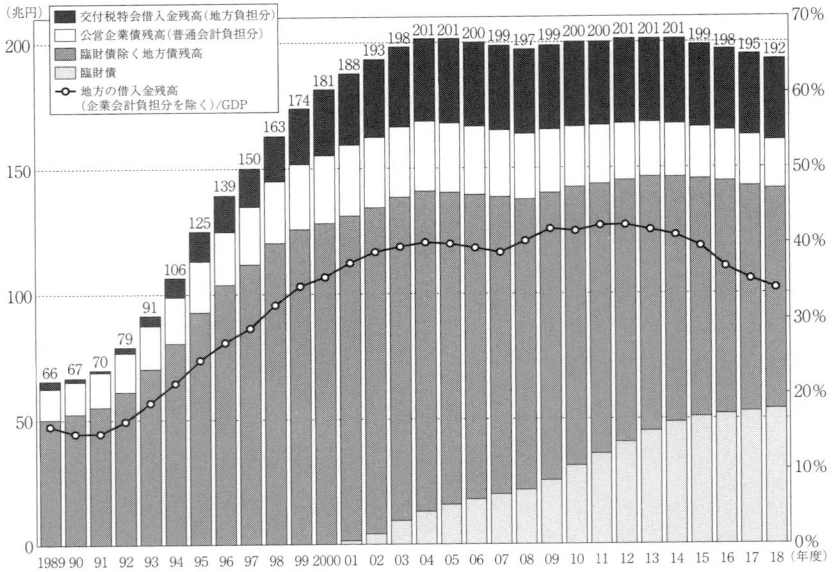

※1　地方の借入金残高は、2016年度までは決算ベース、2017年度・2018年度は実績見込み。
※2　GDPは、2016年度までは実績値、2017年度は実績見込み、2018年度は政府見通しによる。
※3　表示未満は四捨五入をしている。
出所：総務省資料。

の財政を評価するうえで大切な指標です。

### 地方債残高の状況

　図7-3は「自治体全体の借入金残高」の状況です。「自治体全体の借入金残高」とは、①普通会計が発行してきた地方債残高、②公営企業が発行した企業債で普通会計が負担する債務残高、そして③国の地方交付税特別会計が過去に行った借入金の残高のうちで自治体が負担する額の三つの合計額です。

　借入金残高は、1992年度から急増しました。バブル崩壊後の景気後

退を公共事業によって回復させるため、その財源として地方債が大量
に活用されました。そのため2004年度には200兆円を超えてしまい
ました。2004年度からの「三位一体の改革」以降は公共事業のための
地方債が減り、借入金残高全体も減少しつつあります。借入金残高は
2012～2014年度にピークを迎えましたが、2018年度末では192兆円へ
やや下がると見込まれています。しかし依然として高い水準にありま
す。内訳は、地方債残高が7割強、公営企業債残高が1割、交付税特
別会計借入金が2割弱です。ただ、地方債残高の種類では、臨時財政
対策債が急増しているのが目につきます。

　わがまちの財政を分析するときはこうした日本全体の動きを頭に置
きながら進めることが大切です。


## 基金制度のあらまし

　地方債が自治体の債務（借金）なのに対し、基金は自治体の貯金で
す。

　基金は、特定の目的のために①財産を維持し、資金を積み立て、ま
たは②定額の資金を運用するために、条例によって設けられたもので
す（地方自治法第241条）。①を積立金（以下、「積立基金」）、②は狭
義の「基金」（以下、「定額運用基金」）とよびます。

　上記①の積立基金は、決算統計（例えば決算カード）では「財政調
整基金」「減債基金」「その他特定目的基金」の3種類に分けられま
す。財政調整基金は、年度間の財源の不均衡を調整するための積立金
で「財調」ともいわれ、一般財源として扱われます。減債基金は、地
方債の償還のために積み立てる積立金で「減債」ともいい、やはり一
般財源として扱われます。その他特定目的基金は財調、減債基金以外
の積立金で「特目」ともいい、特定財源となります。特目は、それぞ
れの目的のためでなければ処分（取崩し）できません。ただ、条例に

定めておけば目的以外の運用（繰替運用）ができます。ときどき赤字の穴埋めのために年度を越えた繰替運用を行う自治体があります。監視が必要です。

定額運用基金（上記②）は、資金の貸付け（例えば母子寡婦福祉資金貸付基金）や、庁内での物品購入（物品購買基金など）のために定額の基金を積み立てておくものです。決算カードに掲載されている土地開発基金もその一つです。土地開発基金は公共用地を取得するための基金です。1960 年代後半に拡大された公共用地の取得策の一つとして 1969 年度に設置されました。その後「公有地の拡大の推進に関する法律」が 1972 年 12 月から施行され、多くの自治体で土地開発公社が創設されましたが、基金制度は今日まで残っています。この基金は、歳入歳出予算に計上されないため、財政の透明性に問題があります。

## 財調基金の積立てをどう考えるか

最近、自治体の積立金に対する批判が出始めています。2017 年 5 月 11 日の経済財政諮問会議で民間議員から、財政力が弱い自治体を中心に財調基金などの残高が増加傾向にあるとの批判がありました。そして「国・地方を通じた財政資金の効率的配分に向けて地方財政計画への反映等の改善の方策を検討すべき」との提言がありました。自治体は基金をたくさん積み立てていて財政にはゆとりがあるのだから、そういう方向で地方財政計画を改めて、政府の負担を減らしてはどうかという趣旨です。

これを受けて総務省は全国の自治体に対して「基金の積立状況等に関する調査」を実施しました。その結果、2016 年度末の基金残高は 21.5 兆円にのぼり、この 10 年間に財調基金が 3.5 兆円、減債基金 0.4 兆円、特目基金 4.1 兆円、合計 7.9 兆円増えたと発表しました。

総務省は 2018 年度自治体財政の予算編成上の留意点として、基金の

適正な管理・運営と、基金の積み立て状況の公表情報の充実を打ち出しました。

　自治体のなかには財調基金の残高を標準財政規模の10％とか20％にするとか、毎年度一般財源の10％を積立目標にしているところがあります。財調基金に積立目標をたてるというのは本来の趣旨ではありませんが、自治体は厳しい財政状況のなかで、いざという時のために工夫して積み立てているのであって、これを経済財政諮問会議がとやかくいうべきではありません。

　しかし、財調基金に積立目標をもつことがいいのか、疑問があります。財調基金への積み立ては、自治体の黒字隠しになる心配があります。黒字がもっと多いにもかかわらず、黒字を少なく見せるためにあえて積み立てることによって黒字を減らし、財政難を演出することも可能です。これは本来の財調基金の趣旨から外れるように考えます。実質収支比率は3〜5％の黒字が適正だといわれてきました。それ以上の黒字をあえて作り出すのではなく、少額であっても公共サービスを拡充することが先決ではないでしょうか。

## 2　財政健全化法の4指標を考える

　財政状況を評価する正規の指標は現在のところ財政健全化判断比率です。2009年4月に全面施行された地方財政健全化法（以下、健全化法）で定められました。財政状況を、実質赤字比率、連結実質赤字比率、実質公債費比率、将来負担比率の4指標によって、赤信号（レッドカード）の**再生段階**、黄信号（イエローカード）の**早期健全化段階**、そして**健全段階**の3段階にランクつけします（**図7-4、図7-5**）。赤信号や黄信号がともると議会の議決を経て、財政再生計画、財政健全化計画を策定し、国に報告しなくてはなりません。

図7-4　地方財政健全化法による4指標

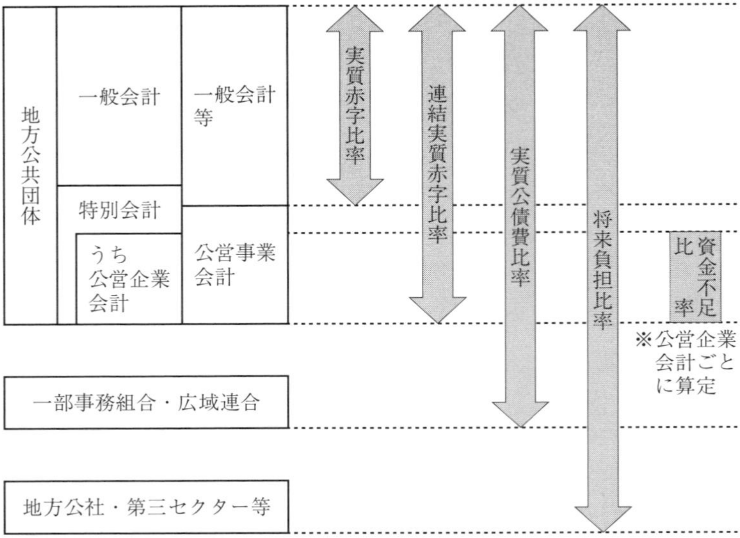

出所：総務省資料。

## 実質赤字比率と連結実質赤字比率

　4指標とは何でしょうか。各自治体の4指標とその元になる数値は総務省ウェブサイト「地方財政状況調査関係資料」の「財政状況資料集」で公表されています。財政状況資料集は各市町村とも15シート（うち3シートは未整備）で構成され、4指標と基になる数値はその3枚目のシート「各会計、関係団体の財政状況及び健全化判断比率」に記載されています。

　**実質赤字比率**は、一般会計等（ほぼ普通会計と同じ）の収支状況を表します。計算式は**図7-6**のとおりで、これまでの実質収支比率と考えはほぼ同じです。違う点は表記方法です。仮に実質収支比率が3%の黒字だと、実質赤字比率では「−」とだけ表記し、逆に実質収支比率が3%の赤字だと、実質赤字比率を「3%」と表記します。黒字の場

**図 7−5　地方財政健全化法による財政健全度 3 段階**

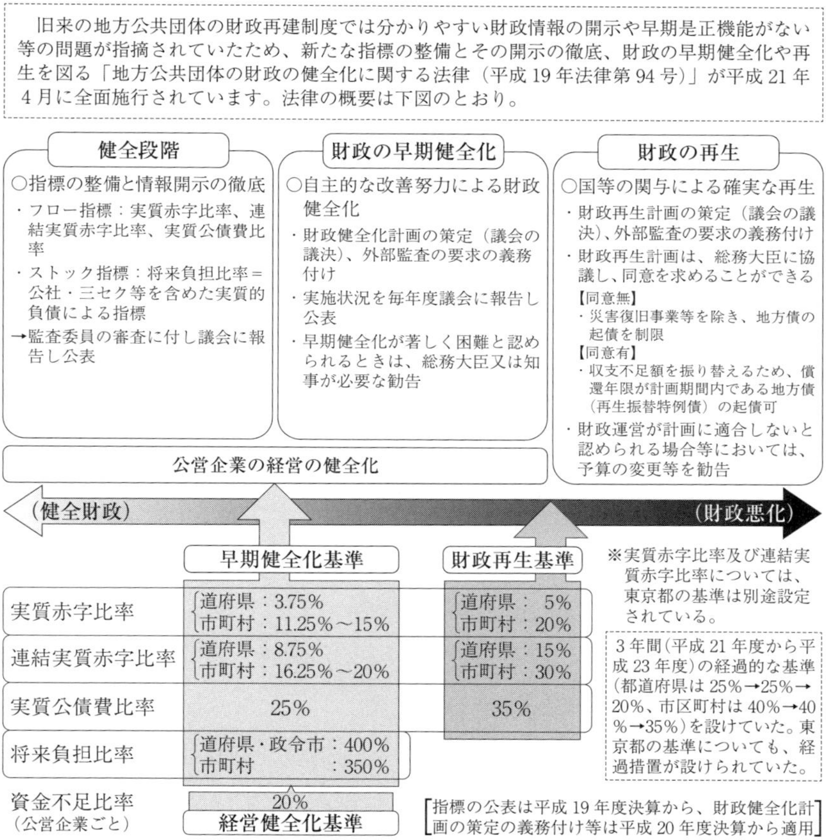

旧来の地方公共団体の財政再建制度では分かりやすい財政情報の開示や早期是正機能がない等の問題が指摘されていたため、新たな指標の整備とその開示の徹底、財政の早期健全化や再生を図る「地方公共団体の財政の健全化に関する法律（平成 19 年法律第 94 号）」が平成 21 年 4 月に全面施行されています。法律の概要は下図のとおり。

| 健全段階 | 財政の早期健全化 | 財政の再生 |
|---|---|---|
| ○指標の整備と情報開示の徹底<br>・フロー指標：実質赤字比率、連結実質赤字比率、実質公債費比率<br>・ストック指標：将来負担比率＝公社・三セク等を含めた実質的負債による指標<br>→監査委員の審査に付し議会に報告し公表 | ○自主的な改善努力による財政健全化<br>・財政健全化計画の策定（議会の議決）、外部監査の要求の義務付け<br>・実施状況を毎年度議会に報告し公表<br>・早期健全化が著しく困難と認められるときは、総務大臣又は知事が必要な勧告 | ○国等の関与による確実な再生<br>・財政再生計画の策定（議会の議決）、外部監査の要求の義務付け<br>・財政再生計画は、総務大臣に協議し、同意を求めることができる<br>【同意無】<br>・災害復旧事業等を除き、地方債の起債を制限<br>【同意有】<br>・収支不足額を振り替えるため、償還年限が計画期間内である地方債（再生振替特例債）の起債可<br>・財政運営が計画に適合しないと認められる場合等においては、予算の変更等を勧告 |

公営企業の経営の健全化

◀（健全財政）　　　　　　　　　　　　　　　　（財政悪化）▶

|  | 早期健全化基準 | 財政再生基準 |
|---|---|---|
| 実質赤字比率 | 道府県：3.75%<br>市町村：11.25%〜15% | 道府県：5%<br>市町村：20% |
| 連結実質赤字比率 | 道府県：8.75%<br>市町村：16.25%〜20% | 道府県：15%<br>市町村：30% |
| 実質公債費比率 | 25% | 35% |
| 将来負担比率 | 道府県・政令市：400%<br>市町村　　　　：350% | |
| 資金不足比率<br>（公営企業ごと） | 20%<br>経営健全化基準 | |

※実質赤字比率及び連結実質赤字比率については、東京都の基準は別途設定されている。

3 年間（平成 21 年度から平成 23 年度）の経過的な基準（都道府県は 25%→25%→20%、市区町村は 40%→40%→35%）を設けていた。東京都の基準についても、経過措置が設けられていた。

［指標の公表は平成 19 年度決算から、財政健全化計画の策定の義務付け等は平成 20 年度決算から適用］

出所：総務省資料。

合に、実際の黒字率を知るためには「財政状況資料集」の数値で計算します。

　**連結実質赤字比率**は、一般会計を含む全会計の実質収支額と、公営企業会計の資金剰余額（または不足額）の合計の割合です。計算式は図 7−6 です。赤字・黒字の表記は、実質赤字比率の場合と同じです。

図7-6　健全化判断比率の算出式

$$実質赤字比率＝\frac{一般会計等の実質赤字額}{標準財政規模}$$

$$連結実質赤字比率＝\frac{連結実質赤字額}{標準財政規模}$$

$$実質公債費比率（3カ年平均）＝\frac{元利償還金等^{※1}－（特定財源＋算入公債費等^{※2}）}{標準財政規模－算入公債費等^{※2}}$$

$$将来負担比率＝\frac{将来負担額－\left(\begin{smallmatrix}充当可能\\基\ 金\ 額\end{smallmatrix}＋\begin{smallmatrix}特定財源\\見\ 込\ 額\end{smallmatrix}＋\begin{smallmatrix}地方債現在高等に係る\\基準財政需要額算入見込額\end{smallmatrix}\right)}{標準財政規模－算入公債費等^{※2}}$$

$$資金不足比率＝\frac{資金の不足}{事業の規模}$$

※1　元利償還金等＝地方債の元利償還金＋準元利償還金
※2　算入公債費等＝元利償還金・準元利償還金に係る基準財政需要額算入額
出所：総務省資料より筆者作成。

図7-7　守口市の連結実質赤字額の変化

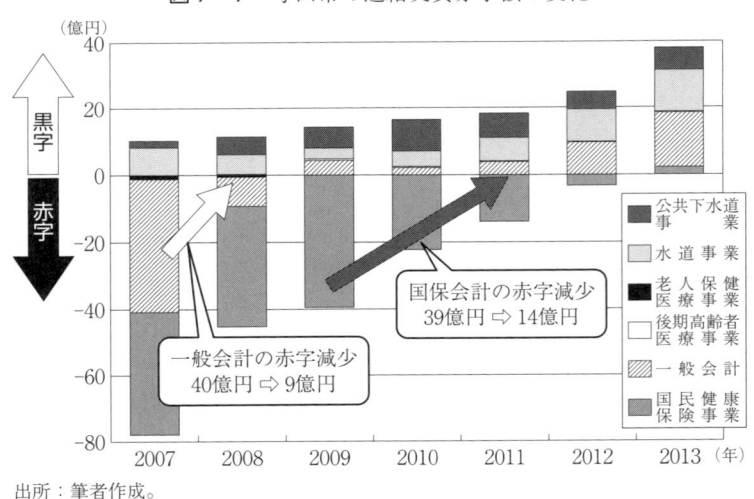

出所：筆者作成。

　連結実質赤字比率は、自治体がどの会計に問題を抱えているのかを見つけるのに役立ちます。**図7-7**は大阪府守口市の連結実質赤字（縦軸「0」以上は黒字）の変化を示すグラフです。一般会計と国民健康保

険事業会計に大きな赤字があったこと、そしてこれが黒字に好転していく過程が見えます。なぜ二つの会計が大きな赤字となったのか、そして黒字へ改善していった過程が分かるとともに、その要因が何だったのかなど、次の分析テーマが浮かび上がってきます。

## 実質公債費比率と将来負担比率

　**実質公債費比率**は、その年度に一般会計等が負担する借金の返済金の割合です。計算式は図7－6です。分子の「元利償還金等」とは「元利償還金＋準元利償還金」です。元利償還金は一般会計等の元利償還費のことで、準元利償還金は、公営企業会計の企業債償還額のうち一般会計等が負担する額です。一部事務組合や広域連合の償還金なども含まれます。

　**将来負担比率**は、一般会計等が将来的に負担しなくてはならない負債総額の割合です。計算式は図7－6です。分子の「将来負担額」には、地方公社や出資法人などの外郭団体の負債も含めます。実質公債費比率はフローとしての償還割合ですが、将来負担比率はストックとしての負担総額の割合です。いますぐ負担する必要はないとしても、将来負担になる可能性のあるものです。将来負担比率は残っているローン残額、実質公債費比率は月々の返済額のイメージです。

　実質公債費比率と将来負担比率の二つは分母が同じですが、分子から一定額が控除されているのも同じです。実質公債費比率では、算入公債費等と特定財源の二つが、将来負担比率では、「充当可能基金額」「特定財源見込額」「地方債現在高等に係る基準財政需要額見込額」の3つが控除されています。

　実質公債費比率で控除される算入公債費とは、償還金が交付税措置されているものをいい、特定財源とは都市計画税などをいいます。控除額は指標を大幅に下げる役割をしています。例えば守口市では（図7

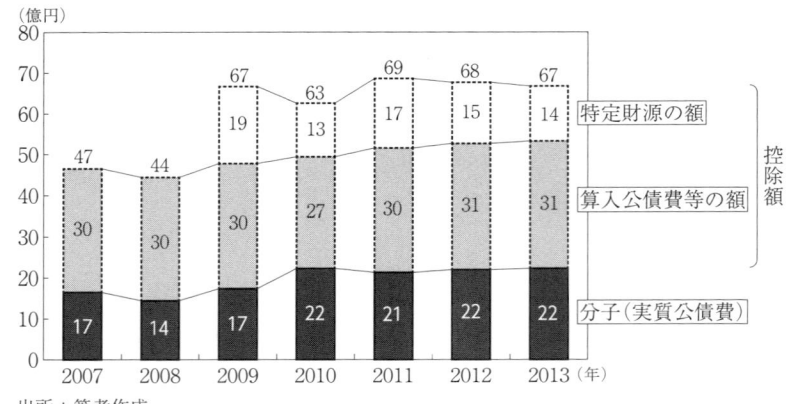

図7-8　実質公債費比率の分子（大阪府守口市の例）

出所：筆者作成。

−8）元利償還金等（2013年度決算）は67億円でしたが、ここから45億円（算入公債費等＋特定財源）が控除されています。その結果、計算上の公債費等は22億円に減ってしまいます。つまり実質公債費比率で計算する元利償還金等は公債費や企業債の償還金の額面よりもずっと少額になります。自治体の広報などで「当市の借金はこれだけあります」と財政難を強調することがありますが、そのなかには交付税措置されているものなどが大量に含まれていることを知っておく必要があります。自治体が公債費等の負担を住民には多額に説明し、他方で実質公債費比率の低さを強調していないか、よく注意してください。

　このことは将来負担比率も同じです。守口市では将来負担額は709億円ですが、519億円（73％）が控除され、計算上の将来負担額は約4分の1の190億円にすぎません。

　このように控除額が大きいために、極端な場合、実質公債費比率や将来負担比率がマイナスになるという住民には不可解なことが起こることもあります。

**資金不足比率**

　4 指標とは別に、公営企業会計ごとに資金剰余額・不足額が計算されます（図 7 - 6）。ここで計算された剰余額・不足額は連結実質赤字額に算入されます。もしその公営企業会計の資金不足額が経営健全化基準（20％）を超えると、その企業単独として経営健全化団体となり、経営健全化計画の作成が義務づけられます。

　資金剰余・不足の計算方法は不良債務の計算によく似ています。不良債務は「流動負債－（流動資産－翌年度繰越財源）」で計算しますが、違う点は、公営企業が発行した赤字地方債が資金不足扱いになることや、事業開始後一定期間に資金の不足が生じる事業などがある場合には資金不足額に含めないことなどです。

**4 指標による行政改革自動巻き**

　4 指標の発足前は、北海道夕張市の財政破綻問題もあって、「次はウチかも」などと多くの自治体が心配しました。2007 年度の決算状況がそのまま続いていたら、全国で少なくない市町村に黄信号や赤信号がともっていたでしょう。各自治体がとったさまざまな対策によって、実際に黄信号以上になったのは 22 市町村にとどまりました。

　その後も自治体は財政立て直しに取り組み、大幅に改善され、2016 年度決算では赤信号の夕張市以外はすべて健全段階でした。こうして財政健全化法や 4 指標は自治体にとってもはや恐怖や心配のタネではなくなり、関心が薄らいだ感がします。

　しかし健全化法や 4 指標は目に見えない影響を自治体に与えています。毎年 9 月に総務省は全自治体の 4 指標を公表します。それを見て多くの自治体は順位を気にします。わざわざ県内の順位表をつくって、市町村に競争をあおる県もあります。自治体のもっぱらの関心はランキングとなったようです。

健全化法は、地方財政再建促進特別措置法（旧法。1953年）に代わる法律として制定されました。しかし旧法は、国が法的に管理下に置いた会計は普通会計だけで、国民健康保険や介護保険、企業会計などは対象外でした。これに対して健全化法は、旧法よりも管理対象会計を広げ、公営企業会計を含むすべての特別会計、一部事務組合や第三セクターをも対象にしました（図7-4）。そのため自治体は、例えば普通会計の赤字を、国民健康保険会計や公営企業会計へ転嫁するというごまかしがとれなくなりました。

　4指標は、相互に関連しています。特別会計への繰出金を減らすと一般会計等の実質赤字比率が改善しますが、連結実質赤字比率を良くするわけではありません。実質公債費比率と将来負担比率の間にも関係がありますから、自治体が4指標を同時に改善するためには公共サービスそのものを縮小せざるをえません。

　健全化法はこうした「連結」によって自治体が自発的に行政改革を行わざるをえない仕掛けを作り上げました。財政危機からの「逃げ場」を自治体から奪うこととなりました。健全化法に内在する自発的行革機能とランキングによる「あおり」によって4指標は、財政効率化の「自動巻き装置」になりました。その後の4指標改善につながってゆきました。

　こうして4指標は改善し健全化法への自治体の関心は薄らいでゆきました。しかし、一方、行政改革の自動巻き装置によって住民向け公共サービスの縮小、人件費の削減が進み、それがまた4指標を改善しています。その過程でどのような行政改革や公共サービスの縮小が行われたか、よく調べることが財政分析のポイントになります。

### 財政情報を活用する

　健全化法は一方で、住民への財政情報の公表など説明責任を前進さ

せました。健全化法をきっかけに数多くの財政データが公表されるようになりました。自治体自身も工夫して分かりやすく財政状況をまとめる努力もしています。4指標を入り口に住民が財政情報をうまく活用すれば「財政を住民の手に」する条件も生まれます。

　もちろん4指標の計算式はきわめて難しく、住民が理解するのはたやすくありません。かえって住民を財政から遠ざける心配もあります。財政の専門家の協力を得ること、住民が財政をよく学ぶこと、地域をよく知ることなどに努めれば財政に強い住民がたくさん生まれるはずです。

## 3　新公会計制度と財務省財政状況把握

　これまでの財政指標に加え、新しい指標が見られるようになってきました。二つを紹介します。

### 1　新公会計の統一基準

　2015年1月に総務大臣通知「統一的な基準による地方公会計の整備促進について」が全国の自治体に出されました。あわせて「統一的な基準による地方公会計マニュアル」（以下、マニュアル）（2016年5月改訂）が示され、全自治体は2017年までの3年間にマニュアルに基づく財務書類を作成し、予算編成などに活用することが求められるようになりました。

#### 新地方公会計導入の理由

　作成が求められる新地方公会計は、現在活用・利用されている予算書や決算書の会計と同じように議会で議決されるというものではありません。総務省が通達で技術的指導として作成を求めているものにす

表7-1　現在の公会計

| | 対象とする分野 | 会計処理方式 | 主な会計 |
|---|---|---|---|
| 一 般 財 政<br>（狭義の財政） | 公権力による課税、費用徴収権に基づいて行政サービスを行う分野 | 官庁会計 | 一般会計など |
| 自 治 体 の<br>企 業 的 活 動 | 公料金を中心として、原価回収の方法で公共サービスを行う分野 | 公営企業会計 | 各種の地方公営企業会計 |
| 自 治 体 の<br>社 会 保 険 | 特定地域・職域での特定階層を保険集団として公的に規制し、保険原理によって給付サービスを行う分野 | 官庁会計 | 国民健康保険会計・介護保険会計など |
| 自 治 体 の<br>金 融 的 活 動 | | 官庁会計 | 母子・寡婦福祉貸付資金会計など |

出所：筆者作成。

ぎません。予算書や決算書で採用している会計処理方式をもとに、企業会計仕様の財務書類を作成するという形をとります。その意味では、知らなければ知らないでかまわないのですが、現実問題としてはそうもゆきません。

　では現在利用されている一般会計などと新地方公会計とはどこが違うのでしょうか。まず現在利用されている公会計を一覧表に整理したのが表7-1です。

　新地方公会計では企業会計方式にのっとって財務諸表を作成します。しかし、その元になる現在の公会計はほとんどが官庁会計方式[*1]で作成されています。「無理矢理」に企業会計方式の財務書類に作り替えているように思えます。そのための手引き書が前出の『マニュアル』というわけです。

　なぜ、新地方公会計が必要とされるのでしょうか。主に二つに絞ることができます。

---

1　本書は、現金主義会計方式を官公庁会計とよんでいます。しかし第7章では官庁会計としています。地方公会計「マニュアル」では、官庁会計に用語を統一しており、それに合わせました。

図7-9　財務書類の対象となる会計（関係団体）

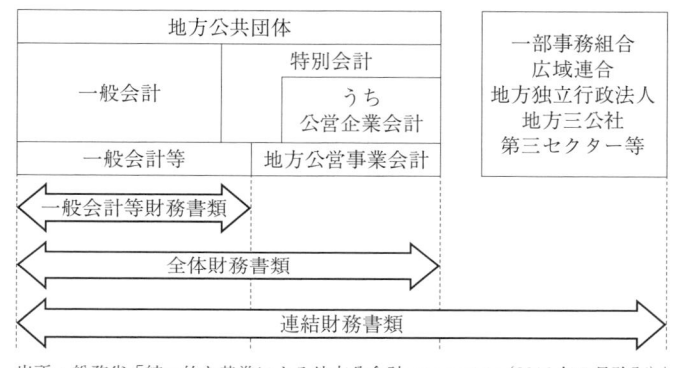

出所：総務省「統一的な基準による地方公会計マニュアル（2016年5月改訂）」。

　一つは、新公会計では資産・負債といったストック情報の把握ができます。官庁会計の決算書には負債（地方債）の額が明示されませんし、どれだけの資産の現在価値があるのかも分かりません。「財産に関する調書」が不十分だというのは前述したとおりです。新公会計では固定資産台帳が整備されます。そこには自治体のすべての固定資産が掲載され、取得価格、耐用年数、減価償却額などが記載されます。

　もう一つは、会計期間中の自治体の費用・収益の取引高といったコスト情報の把握が可能となります。新公会計では税収入は住民からの出資と考えます。また、官庁会計では不明の減価償却費や退職手当引当金などは費用として計上されます。

　新地方公会計の財務書類は3段階で作成されます（図7-9）。一般会計等のレベルで作成される「一般会計等財務書類」、全会計のレベルで作成される「全体財務書類」、一部事務組合や第三セクターまでを含む「連結財務書類」です。地方財政健全化法による健全化判断4指標と同じように、特別会計や関係団体の財政活動を連結でつなぐ考えがとられています。

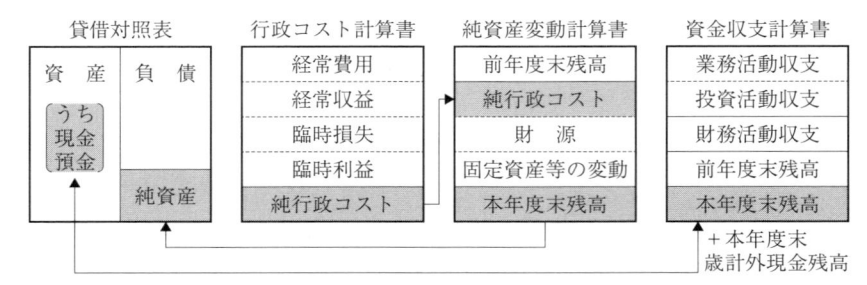

図7-10 財務書類4表の関係図

※1　貸借対照表の資産のうち「現金預金」の金額は、資金収支計算書の本年度末残高に本年度末歳計外現金残高を足したものと対応する。
※2　貸借対照表の「純資産」の金額は、資産と負債の差額として計算されますが、これは純資産変動計算書の期末残高と対応する。
※3　行政コスト計算書の「純行政コスト」の金額は、純資産変動計算書に記載される。
出所：総務省「統一的な基準による地方公会計マニュアル」2016年度5月改訂。

## 4つの財務書類と附属明細書

　総務省が自治体に作成を求めている財務書類は**図7-10**の4表（または3表[*2]）です。新しい公会計は、これまでの現金主義会計による財政書類ではなく、企業会計的手法を活用した財務書類です。これによりストック情報（資産、負債）やコスト情報（減価償却費、退職手当引当金など）が明らかになるというわけです。企業会計的考えをベースにしていますから、その基本的考えは第6章を再読してください。

　**貸借対照表**（BS）は、基準日（3月31日）現在の自治体の財政状況（資産・負債・総資産の残高など）を明らかにする書類です。そのために自治体は固定資産台帳を整備します。現在、自治体は決算時に「財産に関する調書」を作成していますが、この調書には、自治体が保有する固定資産について名称は記載されていますが、金額が書かれていません。また、道路、橋りょう、河川などが記載対象外になっていますからそのままでは使用できません。そのために新たに固定資産台帳

---

　2　行政コスト計算書と純資産変動計算書を統合させ一つの表にすることができます。

を作成しなくてはなりません。この点は前述した通りです。

　BS は、自治体の資産とともに、資産を構成する財源（負債と純資産）を明らかにします。負債は返済する必要がある財源であり、純資産は返済する必要がない財源のことです。税収や地方交付税、国庫支出金などは返済する必要がありませんから「住民からの出資」として扱い、純資産となります。

　**行政コスト計算書**（PL）は、1年間の費用・収益の取引高を明らかにします。PL は、公営企業会計の損益計算書に似ていますが、儲けを示すものではありません。税収や国庫支出金は貸借対照表の総資産に計上されていますから、PL の収益にはなりません。収益になるのは「使用料及び手数料」などの受益者負担金のようなものです。すべての費用からすべての収益を差し引いたものを純行政コストといいます。

　**純資産変動計算書**（NW）は1年間の自治体の純資産の変動をつかみます。単独で作成せず、PL と同じ表として作成する場合もあります。

　**資金収支計算書**（CF）は1年間の自治体の行政活動に伴う現金などの資金の流れを明らかにする書類です。資金の流れを、業務活動収支、投資活動収支、財務活動収支の3つに区分します。

　業務活動収支とは、自治体が経常的に行っている行政活動によって継続的に生まれる資金活動をいいます。主な支出は、人件費・物件費や補助金や社会保障給付の支出、他会計への繰出しなどです。減価償却費など現金の支出を伴わないものは含めません。投資活動収支は、公共事業など自治体の資本形成活動によって臨時的に生まれる資金収支をいいます。財務活動収支は、地方債の元本償還による支出など、自治体の負債の管理にかかる資金収支です。

　財務書類は以上ですが、それに関連する事項を説明する附属明細書を付けなくてはなりません。

**新公会計で計算される主な財政指標**

　新公会計をどのように活用するのか、マニュアルは6つの分析視点と13の指標を示しています。以下はそのうち7つの主な指標をあげています。

　①将来世代に残る資産はどのくらいあるか（資産形成度）

　　　歳入額対資産比率＝資産合計÷歳入総額

　　　資産老朽化比率（％）＝減価償却累計額÷（有形固定資産－土地＋
　　　　　　　　　　　　　　　減価償却累計額）×100

　②将来世代と現世代との負担の分担は適切か（世代間公平性）

　　　純資産比率（％）＝純資産÷総資産×100

　　　将来世代負担比率（％）＝地方債÷有形固定資産×100

　③財政に持続可能性があるか（どのくらい借金があるか）（持続可能
　　性・健全性）

　　　債務償還可能年数（年）
　　　　＝（地方債残高－充当可能基金等）÷業務活動収支

　④行政サービスは効率的に提供されているか（効率性）

　⑤資産形成等を行う余裕はどのくらいあるか（弾力性）

　　　行政コスト対税収等比率（％）＝純経常行政コスト÷財源×100

　⑥歳入はどのくらい税収等で賄われているか（受益者負担の水準は
　　どうなっているか）（自律性）

　　　受益者負担比率（％）＝経常収益÷経常費用×100

## 2　財務省による財務状況把握

　財務省は、自治体が受けた財政融資が確実に償還されるかどうかを確認するために自治体の財務状況の把握を行っています。そのために「財務状況把握ハンドブック」が作成されています。そこには、基本的考え方、行政キャッシュフローの作成と読み方、主要な財務指標、財

表 7-2　財務状況把握における 4 指標

| 指標名 | 計算式 | 視　点 | 意　義 | 備考<br>（家計に例えると） |
|---|---|---|---|---|
| ①債務償還<br>可能年数 | 実質債務／<br>行政経常収支 | 債務償還<br>能力 | 1 年間で生みだされる<br>償還原資の何倍の債務<br>を抱えているかを確認 | ローンの返済に何<br>年かかるか |
| ②実質債務<br>月収倍率 | 実質債務／<br>（行政経常収入／12） | 債務の大<br>きさ | 1 月当たりの収入の何<br>ヶ月分の債務があるか<br>を確認 | ローンの返済が給<br>与の何ヶ月分ある<br>か |
| ③積立金等<br>月収倍率 | 積立金等／<br>（行政経常収入／12） | 資金繰り<br>余力 | 1 月当たりの収入の何<br>ヶ月分の積立金がある<br>かを確認 | 預貯金が給与の何<br>ヶ月分あるか |
| ④行政経常<br>収支比率 | 行政経常収支／<br>行政経常収入 | 償還原資<br>経常的な<br>収支 | 1 年間の収入からどの<br>程度の償還原資を生み<br>だしているかを確認 | ローンの返済に回<br>せるお金は給与の<br>うちどのくらいか |

自治体の決算統計を利用して作成して資金収支計算書に基づき、ストック面を重視して財務省が算出した上記の指標で財務状況を把握する。

出所：財務省「地方公共団体向け財政融資財務状況把握ハンドブック」（2018 年 6 月改訂）他より
　　　筆者作成。

務状況把握のプロセスの方法が書かれています。この調査は債務償還能力と資金繰り状況が対象で、把握結果のあらましが診断表として自治体に交付されています。財務省は、この診断表によって、自治体に財務健全化に対するアドバイス（情報提供など）をしたり、財務状況悪化に対して事前に警鐘をならす役割を担わせています。

　財務省は、財務状況把握のためのヒアリングを 2012〜2016 年度の 5 年間に概ね全市町村で行いました。2017 年度からはメリハリをつけて実施していると述べています。総務省から決算統計データを入手し、行政キャッシュフロー計算書を作成しています。これをもとに、①債務償還可能年数、②実質債務月収倍率、③積立金等月収倍率、④行政経常収支率の 4 指標（**表 7-2**）を算出しました。

**ここでのまとめ**

◇財政を診断するための指標として、経常収支比率、地方債残高、積立金残高、健全化法による4指標、新公会計の指標などを学んだ。

**理解しよう。調べてみよう**

◇財政を診断するためのいろいろな指標を学んだ。わがまちの数値はいくらくらいか、調べてみよう。

# 自治体財政のあり方を考える

> **ここで学びたいこと**
> ◇いままで財政のしくみを学んできた。第 8 章では、自治体財政
> はどうあるべきかを考える。財政の機能、日本の自治体財政の
> 特徴、財政のあり方とか財源などを考えよう。

　自治体財政をどのように住民に役立つものにするのか、これは最大
のテーマ、究極のテーマです。このテーマを考えるための材料を提供
します。

## 1　財政の役割・機能

### 財政の 3 機能説

　財政にはどのような役割や機能があるのか、ずいぶん昔から多くの
議論が交わされてきました。なかでもマスグレイヴ（ドイツ生まれの
アメリカの財政学者）の 3 機能説が有名です。3 機能とは、①資源の[*1]
最適配分、②所得の再分配、③経済の安定成長です。しかし、これは
財政の経済的な面だけをいったものではないかとの批判があり、もっ

---

1　ここでいう資源とは、経済活動や生活のうえで利用する物質や人材、サービスのことです。

と国民の生存権や人間としての発達権といった見方から財政の役割を考えるべきだとの見方もあります。例えば、重森暁先生はマスグレイヴの3機能説を評価しながらも批判を加えたうえで、次の4機能をあげています。

第一に、**資源の最適配分と人権保障機能**です。人間が生きてゆき、成長していくためにはさまざまな社会的に必要な資源が必要です。そうした資源は、市場経済においては民間企業が提供します。しかし、福祉や教育、社会資本などのサービスは利潤が期待できませんから市場で提供されるものは限られてきます。そこで、政府がこれらのサービスを公共財として、租税を使って無償で供給する、これがマスグレイヴの資源の最適配分機能です。こうしたサービスは、経済的な働きだけでなく人間の潜在能力を開発・発展させるという社会的に必要な機能を備えています。重森先生はこの点を加えています。

第二に、**所得再分配と格差是正機能**です。人間は不幸にも仕事につけなかったり病気になったりして生活に十分な所得をえることができないことがあります。十分な教育が受けられずに人間としての潜在能力が発揮できないこともあります。財政は、こうした生活の維持、潜在能力の発達を実現するために、国民の所得（第1次所得、第1次分配）の格差を埋める働きをします。高所得者には高い税率をかけ（累進税率）、年金や雇用保障などの社会保障を充実させ、その結果、格差を是正する働きをします。

第三に、**経済の安定成長と持続可能性**です。私たちは常に不安定な市場経済のもとで暮らしています。これを減税や財政支出の拡大によって経済の安定化を図るのも財政の機能です。このようにして、「生活の質」を維持し、現在世代と将来世代との間の公平や地球環境の保全といった社会の持続可能性を大切にする必要があります。景気回復目的だけの公共事業では、環境を損ない、後世代に過大な借金を残し、

社会の持続可能性という点で問題を起こしています。

　重森先生は以上のマスグレイヴ3機能に第四の機能として**権力＝体制維持機能**をつけ加えています。

## 自治体財政での機能

　3機能のうち所得再分配と経済安定化は政府の働きであって、自治体には通用しないという考えもあります。自治体では最適資源配分機能だけが主に機能するのであり、しかも地域内に限定されると考える人もいます。もし、限られた地域内で所得再配分機能が働くと、負担が大きくなった地域では住民が逃げていくからだという理由です。ですから、所得再分配（所得保障）は全国一律が望ましい、つまり政府の機能であると考えるわけです。

　しかし、所得再分配機能が生存権保障などの実をあげるためには、お金の給付だけではなく、具体的な社会サービス（介護・医療など）が伴わなくてはなりません。所得再分配機能（所得保障＝現金給付）と資源の最適配分機能（社会サービス＝現物給付）とが一体的に進められなくてはならないわけで、その意味で、社会サービス（資源の最適配分機能）から所得保障を切り離す考えは現実的でありません。

　経済安定化機能についても同じです。この機能の主要な役割が政府であることは否定できませんが、自治体の役割も無視できません。経済安定化機能の主要な柱は企業減税と公共事業の二本ですが、なかでも自治体における公共事業は量も質も無視できないのが現実です。

　こうしたことから、自治体においても所得再分配や経済安定機能は大きな役割を果たしていると見るべきです

## 2 日本はすでに小さな政府

「小さな地方政府（自治体）」をめざすのがこれまで政府が進めてきた改革目標でした。しかし、日本はすでに小さな政府であって、公的支出をこれ以上削減するのは現実的ではありません。

図8-1は、OECD加盟の先進9カ国の2016年度一般政府支出の大きさをそれぞれの国のGDP（国内総生産）と比べた比率です。

第一に、日本は「すでに小さな政府」であるということです。一般政府支出（国・地方の合計額）の対GDP比では日本は14.9%にすぎず、9カ国中8位でした。ドイツの次に小さく、もっとも大きいスウェーデンは30.5%で、日本の2倍以上です。

第二に、日本では全体が「小さい」だけでなく、国も地方も「小さい」ということです。国・地方を別々に見ますと、国の方は7位（4.1%）、地方の方は第4位（10.9%）でした。地方の第1位はスウェーデンで21.7%、国はイギリスの14.2%です。

第三に、日本では、国が第7位なのに対し、地方は少し高位の第4位なのはなぜでしょうか、その理由は、地方分では公的資本形成（公共事業）の割合が2.5%でカナダに次いで大きいからです。日本では自治体が公共事業を担う割合が大きいからです。これに対して公的資本形成以外の最終消費支出は第6位と小さくなっています。

このように日本は国も自治体も、そして全体も「小さな政府」で、いかに公共サービスが貧弱であるのかがうかがえます。とくに教育や社会保障が遅れているといわれています。

日本が小さな政府であることは公務員の数でもわかります。図8-2は人口千人あたりの公務員数を外国と比較したものです。日本は26.6人でたいへん少なくなっています。日本では、行政改革の一つとして

図8-1　一般政府支出（社会保障基金を除く）の対 GDP の国際比較（2016 年）

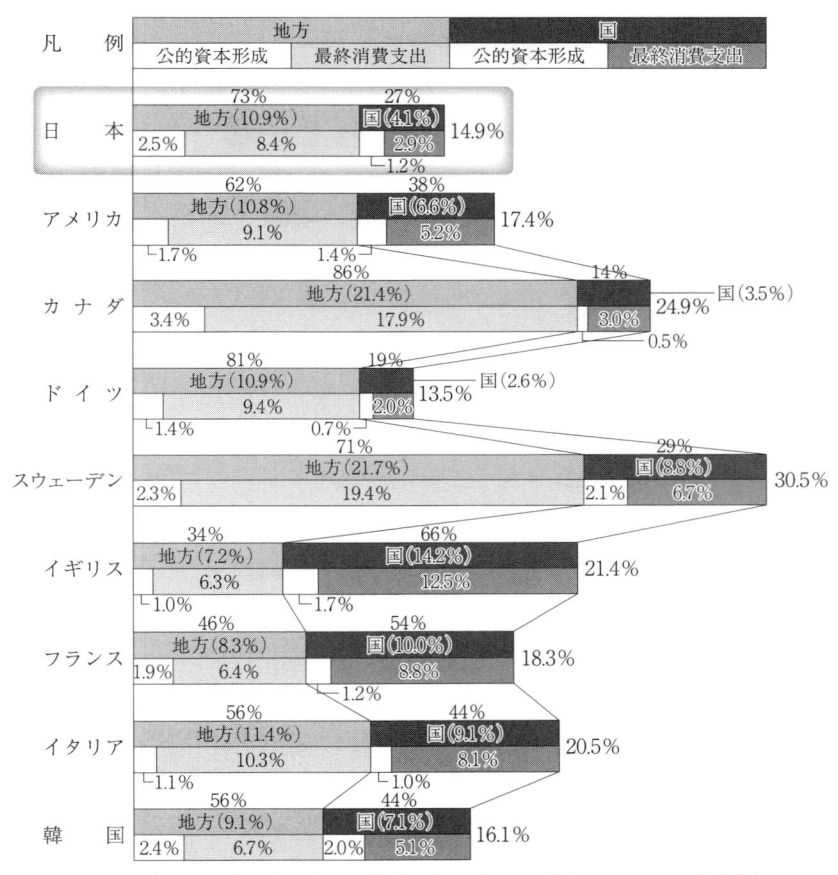

出所：総務省資料「一般政府支出（社会保障基金を除く）の対 GDP の国際比較（2016）」。

公務員を減らし続けてきました。その結果、国・自治体合わせた公務員数は 2000 年度の 435.8 万人から 2018 年度の 332.8 万人に 100 万人以上減りました。公務員の仕事ぶりに対する国民の目が厳しいのは確

---

2　人事院ウェブサイト「平成 30 年度人事院の進める人事行政について〜国家公務員プロフィル〜」を参照、2019 年 3 月現在。

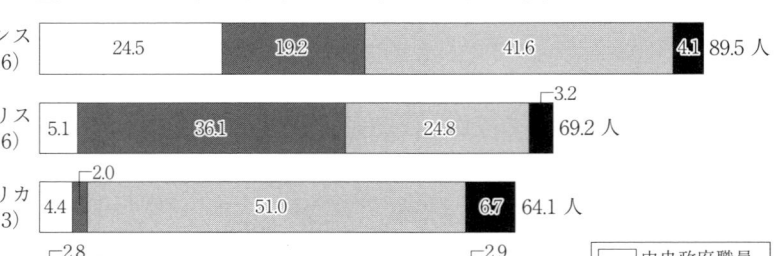

図8-2　人口千人当たりの公的部門における職員数の国際比較

（単位：人）

※1　本資料は、各国の統計データ等を基に便宜上整理したものであり、各国の公務員制度の差異等（中央政府・地方公共団体の事業範囲、政府企業の範囲等）については考慮していない。また政府企業等職員には公務員以外の身分の者も含んでいる場合がある。
※2　国名下の（）は、データ年度を示す。
※3　合計は、四捨五入の関係で一致しない場合がある。
※4　日本の「政府企業職員」には、独立行政法人、国立大学法人、大学共同利用機関法人、特殊法人の職員を計上している。
※5　日本の数値において、国立大学法人、大学共同利用機関法人、特殊法人及び軍人・国防職員以外は、非常勤職員を含む。
出所：「平成30年度人事院の進める人事行政について～国家公務員プロフィル～」人事院（http://www.jinji.go.jp/pamfu/profeel/0_purofiru.pdf）より筆者作成。

かですが、減らせばすむ話ではありません。公務労働はマンパワーへの依存度が高い労働集約型ですから、公務員の減少が公共サービスの後退につながることも少なくありません。公務現場では日常事務に加え、災害時の対応に支障が出ています。

　あなたの町の職員数を調べて見てください。正規職員が劇的に減り、その何割かが非正規職員で補われていて、かろうじて公共サービスが維持されていることが確認できます。

## 3 国と地方の財政関係

　日本の自治体財政の特徴は、歳入面（租税）での国対自治体の割合と、歳出面での国対自治体の割合が逆転していることだといわれています。

　図8-3は、2016（平成28）年度における国と自治体との財源配分と行政量との関係を示しています。国民が負担した租税は総額97.5兆円でした。うち国税が59.0兆円、地方税が38.6兆円でした。一方、国民へのサービスとして支出された歳出総額は168.4兆円でした。うち国の歳出が71.1兆円、自治体の歳出が97.3兆円でした。税収は国が全体の約6割、自治体が約4割でしたが、逆に歳出は国が約4割、自治体が約6割でした。税収と公共サービスとの割合が逆転しています。自治体は構造的に財源不足状態におかれています。

　自治体の実際の歳入は101.5兆円でした（図8-4）。地方税収入は

図8-3　国・自治体の財源配分（2016年度）、集権的分散システムのしくみ

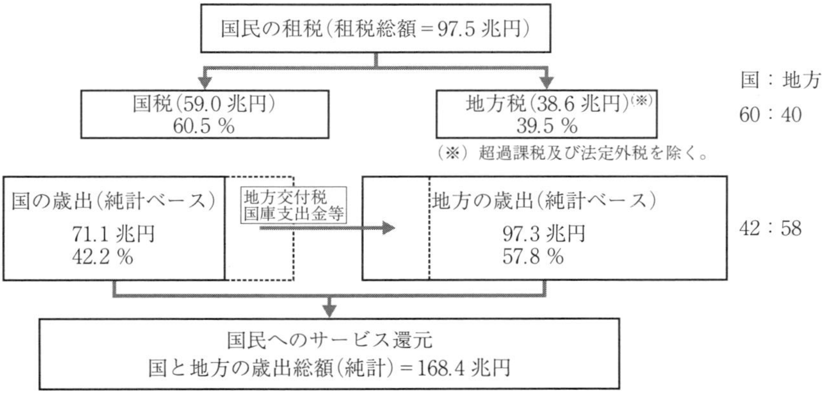

出所：総務省資料から。

(億円)

| 地方税 | 地方譲与税 地方特例交付金 地方交付税 | 国庫支出金 | 地方債 | その他 |
|---|---|---|---|---|
| 393,924 (38.8％) | 197,025 (19.4％) | 156,291 (15.4％) | 103,873 (10.2％) | 163,485 (16.2％) |

◆──────── 地方歳入 101 兆 4,598 億円 ────────▶

※国庫支出金には、国有提供施設等所在市町村助成交付金を含み、交通安全対策特別交付金は除く。

出所：総務省資料から。

39.4 兆円にすぎませんから、残りは、地方譲与税・地方特例交付金・地方交付税（3 つ合わせて 19.7 兆円）や国庫支出金（15.6 兆円）といった移転財源（依存財源）で補っています。

　財源の移転が単なる資金の移動だけならば問題は少ないのですが、移転の過程で国は、特定の事業への政治的誘導などさまざまなコントロールを行っています。1990 年代の公共事業拡大（地域総合整備事業債と元利償還金の交付税措置）や市町村合併への誘導（合併特例債と元利償還金の交付税措置、合併算定替）はその代表的なものでした。

　このようなコントロールは決してむき出しの強引なやり方ではなく、財政制度を利用した誘導で、その意味では緩やかといえます。そのため、こうした国と自治体の財政関係は**集権的分散システム**（神野直彦）とか**柔らかい中央集権**（重森暁）といわれています。

　ただ、このシステムの近年の動きについては、中央集権型へ再編されているのではないかと思われます。研究者のなかから、そのような意見を聞くことがあります。法人事業税の一部国税化（2008 年度）、一括交付金（地域自主戦略交付金）の廃止（2012 年度）などによって、いわゆる逆税源移譲（地方から国へ）が強まり、国税への集中化が進んでいるようです。その結果、国税と地方税の割合（税源配分）において国の割合が高まり、「三位一体の改革」前の水準へ戻っています。確かに、国と地方との租税割合は、2000 年度＝59.7：40.3　⇒2009 年

度＝ 52.9：47.3 でしたが、2016 年度には 60.5：39.5 に逆戻りしています。税額だけですが、歳入自治権が後退しています。

## 4　財政の原則は「出ずるを量って、入るを制す」

「量入制出」（入るを量って、出ずるを制する）を財政運営の基本にする自治体があります。かつて橋下徹氏が大阪府知事に就任した際に「収入の範囲内で予算を組む」と宣言しました。これが典型的な例です。まず、入ってきそうな財源を量って、その枠内で行政をする、という考えです。財源が不足するなかで、予算を組むのがシンドくなっている現実があり、やむをえない選択に見えます。

ただ、この考え方は財政について間違った理解をしています。もしこの考えで財政運営をすれば、税収が入らなくなった大災害時に復旧・復興事業などを進めるのは不可能になってしまいます。そうではなく、必要な事業、やるべき公共サービスの量を量り、その財源をどうやって捻出するかという「量出制入」（出ずるを量って、入るを制す）が正しい考えです。

自治体はこれまで量入制出の財政運営を行ってきました。そしてそれが自治体財政を歪め、住民の期待を裏切ってきたのではないかと考えています。

第一に、自治体はこれまでもずっと量入制出の原則で予算を作ってきました。それ以外の考えで予算を作ることが許されない立場にありました。「三位一体の改革」初年度の 2006 年度の予算編成の際に、地方交付税があまりにも多く減らされたために、ある自治体が歳入総額を上回る歳出予算を計上する赤字予算をつくりました。しかし、会計年度独立の原則（その年度の歳出はその年度の歳入で賄う）に反するという理由で総務省から横やりが入ったことがあります。政府のコン

トロールのもとで自治体はどんなときでも量入制出で財政運営をせざるをえませんでした。

　第二に、自治体の財政危機の一因に、あまりにも無謀な量入制出の財政運営がありました。いまでこそ自治体は財源不足で苦しんでいますが、かつて政府は起債や地方交付税、国庫支出金をふんだんに自治体にばらまき、潤沢な財源で放漫財政を進めてきました。自治体は潤沢な財源に甘え巨額な公共投資を進めました。「歳入」はいつも少ないのではなく、潤沢なときもあったわけで、そうした多額の「歳入」が乱脈な財政運営を進め、財政規律を狂わせ、今日の財政危機を招いた遠因となりました。

　現在のように財源不足時代に「量入制出」で財政運営をすれば、結局、住民向け公共サービスを縮小・廃止することになってしまいます。住民の生活力を弱くし、家計部門の購買力を冷え込ませます。これは財政の自殺行為といえます。

　自治体は、その地域において住民が安心・安全な暮らしと安定的な経済活動が行われるためにどんな課題が必要かを明確にすることが必要です。これが「出ずるを量る」ことです。そして行政が担うべき業務と経費を量る財政計画を立て、もし必要な経費を自治体の財源だけで賄うことができないのならば、地域の社会資源をさがし、これを有効かつ効率的に活用するようにします。それでもダメなら、増税や別の収入で新たな財源を増やす道を住民合意で決めてゆきます。そうした「入るを制す」ことも時には必要かもしれません。自治体がまずしっかりとしたまちの将来ビジョンと財政プランを立て、自治体と地域との負担割合のあり方を住民との協働で決めてゆくこと、こうした地域経営の考えも必要です。

　繰り返しになりますが、そもそも財政の原理は「出ずるを量って、入るを制す」（量出制入）ことです。理屈っぽい話になりますが、家計や

企業はその収入である賃金や売り上げ・利益は市場経済で決められて
しまいます。ですから支出はその範囲内で行わざるをえません。しか
し、財政では必要な支出ないしは経費の確保、すなわち収入や財源は
権力団体としての自治体が政治的過程で決めることができます。です
から、財政の原理は「量出制入」になります。その際、地域経営と参
加・協働が欠かせません。

## 5　財源をどこに求めるのか

### 国民負担率とは

　自治体が公共サービスや社会福祉を行うには当たり前のことですが、
財源が必要です。自治体の財源は地方税などの自主財源の他、国や都
道府県からの依存財源で成り立っています。そのしくみは集権的分散
システムという問題点などがありますが、自治体税財政制度や地方財
政計画などでマクロ的に確保されるシステムになっています。依存財
源は租税が担保し、また社会保険では社会保険料も財源となります。
こうして政府も自治体も公共サービスの最終的な財源は租税と社会保
険料になります。

　図 8-5 は日本の**国民負担率**を先進国と比較したものです。国民負
担率は、国民所得（NI）に対する国民負担額（税金と社会保険料の合
計額）の割合のことです。国民の公的負担の割合を示します。日本は
42.5％ で、アメリカ 33.3％ の次に少なく、逆にフランスは 67.1％ で
たいへん高くなっています。北欧の福祉国家スウェーデンは 56.9％ で、
やはり高い方です。国際的に見ると日本の国民負担率は低い方だとい
えます。つまり、国民所得に比べて国民の税などによる負担割合は少
ないということを示しています。

　国民負担率が低いからといって、国民から集める税金や社会保険料

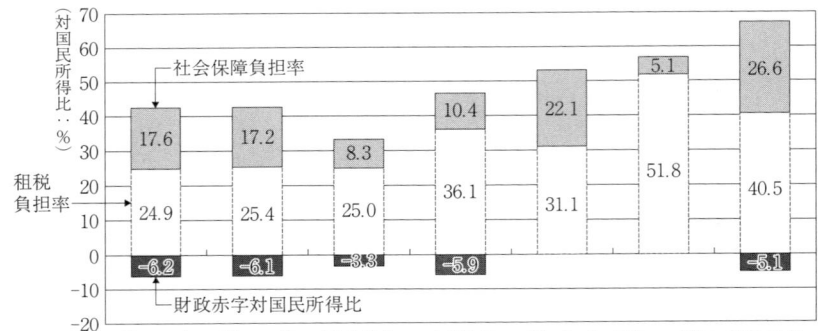

図8-5　国民負担率の国際比較

[国民負担率
　＝租税負担率＋社会保障負担率]

[潜在的な国民負担率
　＝国民負担率＋財政赤字対国民所得比]

|  | 日　本<br>(2018年度) | 日　本<br>(2015年度) | アメリカ<br>(2015年度) | イギリス<br>(2015年度) | ドイツ<br>(2015年度) | スウェーデン<br>(2015年度) | フランス<br>(2015年度) |
|---|---|---|---|---|---|---|---|
| 国民負担率 | 42.5<br>(31.2) | 42.6<br>(31.1) | 33.3<br>(26.8) | 46.5<br>(33.8) | 53.2<br>(39.6) | 56.9<br>(36.8) | 67.1<br>(47.4) |
| 潜在的な<br>国民負担率 | 48.7<br>(35.7) | 48.7<br>(35.6) | 36.6<br>(29.5) | 52.4<br>(38.0) | 53.2<br>(39.6) | 56.9<br>(36.8) | 72.2<br>(51.0) |

（対国民所得比：％　（括弧内は対GDP比）

※1　日本は2018年度（平成30年度）見通し及び2015年度（平成27年度）実績。諸外国は2015年実績。

※2　財政赤字の国民所得比は、日本及びアメリカについては一般政府から社会保障基金を除いたベース、その他の国は一般政府ベース。

※3　日本：内閣府「国民経済計算」等　諸外国：National Accounts (OECD) Revenue Statistics (OECD)

出所：財務省資料に一部加筆。

を増やせばすむというわけではありません。経費のムダ使いをなくすのも立派な財源対策です。それも含めて、どのように負担のあり方を考えるのかが大きな問題です。

### 企業負担は低いのでしょうか

　どこに財源を負担する力があるのか、その可能性を考える際、よく大企業の負担、高所得者への課税の可能性が議論されます。

　一般的に日本の企業課税は大きいといわれています。だから日本企業の国際競争力を強くするためにはもっと法人税率を下げなくはなら

図 8−6　企業負担の国際比較（対 GDP 比）

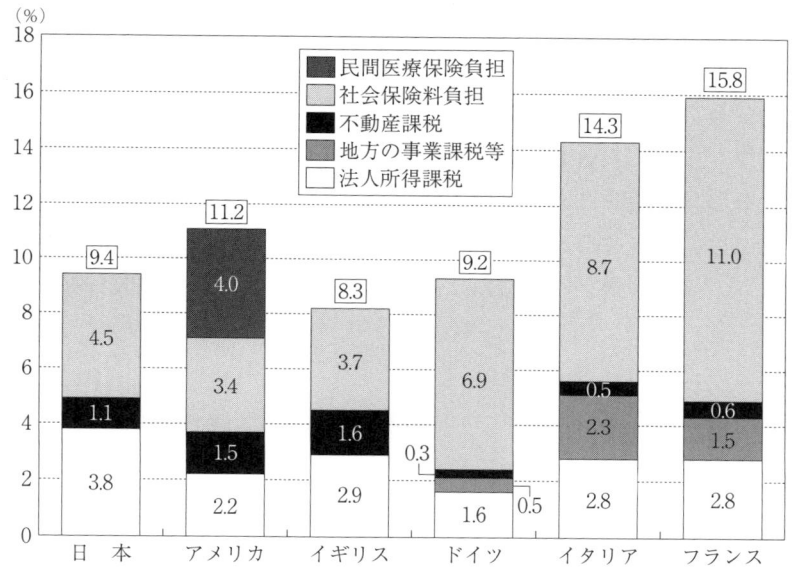

出所：神奈川県地方税制等研究会ワーキンググループ報告書『地方税源の充実と地方法人課税』2007 年、91 ページより著者作成。

ないといわれています。しかし、本当でしょうか。

図 8−6 をご覧ください。これは神奈川県地方税制等研究会ワーキンググループがまとめた『地方税源の充実と地方法人課税』（2007 年）に書かれた企業負担の国際比較です。これを見ますと、日本の企業負担は対 GDP 比 9.4％ でイギリス、ドイツよりは高いのですが、アメリカよりも低く、イタリア、フランスよりかなり低くなっています。この国際比較は私たちが日常、目にする統計と違っています。私たちは日本の法人負担は国際的に高いと教えられていますが、神奈川県の調査では企業負担は低くなっています。なぜでしょうか。

第一に、この神奈川県の調査報告書では、日本以外の法人負担率には国税だけでなく地方税の実質的な法人負担を反映させています。日

本の一般的な統計では、イギリス・ドイツなどでは地方税での企業負担はないとされていますが、実際には外形標準課税の営業税が課せられていると、この報告書は述べています。また、イギリス・アメリカでの企業負担には固定資産課税、イタリアには生産税、フランスには職業税、また、不動産課税の法人負担分なども企業負担に含めています。その分、他の国の企業負担は大きくなります。

第二に、アメリカの負担対象には社会保険料だけでなく、民間医療保険への雇用主負担も含まれています。アメリカでは民間医療保険の雇用主負担は準公的制度といえ、これを含めますとアメリカの企業負担は日本より重くなります。

そうした目で改めて図8-6を見ますと、日本の企業負担はイタリア、フランスよりもかなり低いことがわかります。アメリカよりも低いことになります。日本の企業、特に大企業に負担を求めない、という選択には疑問があります。

日本の税制は1990年代後半から法人税の税率引き下げと高額所得者の所得課税の引き下げが行われてきました。一方で、消費税率の引き上げなどいわゆる大衆課税と応益原則による課税と受益者負担の強化が進められました。しかし、そうした税制改革ではなく、企業負担を拡大する方向で財源を確保することが必要ではないかとの考えもあります。つまり高額所得者と法人税率の引き上げを行えば税収は確保できるという提案が次の不公正な税制をただす会の提案です。

## 不公平税制是正と企業負担を中心にした38兆円の財源対策

2018年1月に『消費税を上げずに社会保障財源38兆円を生む税制』（不公正な税制をただす会編著、大月書店）という本が出版されました。同会は、日本の不公平税制を三つあげています。①税率の大幅な引下げ、大企業を優遇する法人税、②高額所得者・資産家を優遇する所得

図8-7　申告納税者の所得税負担率（2013年度）

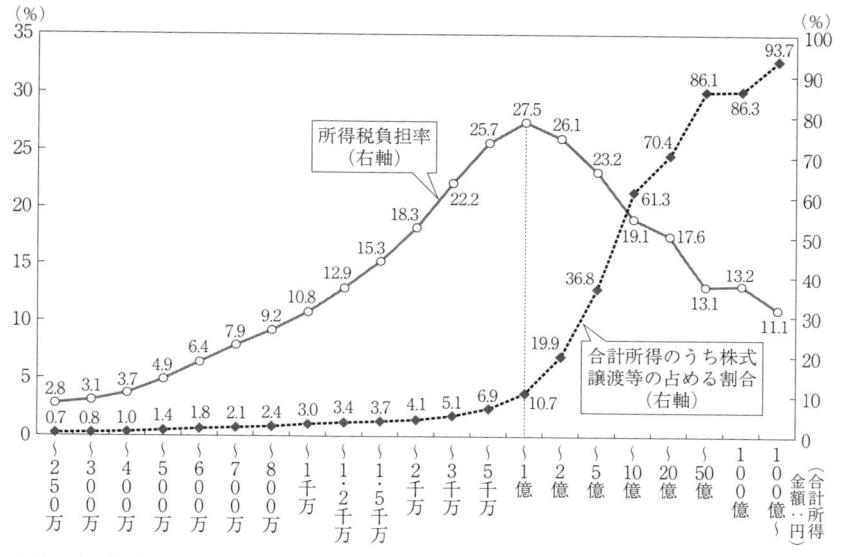

出所：財務省「2015年説明資料」より作成。

税、③中小企業・経済的弱者に厳しい消費税です。**図8-7**は、2013年度の申告納税者の所得税負担率を示したものです。合計所得金額1億円までは負担率が上がりますが、1億円を契機に負担率がどんどん下がっています。この例は所得税ですが、高額所得者が優遇されていることが分かります。

　同会はこのような不公正な税制を正せば、国税で27.3兆円、地方税で10.7兆円、あわせて38.0兆円の増収になるとしています。

## 「だれもが受益者」という考え

　もう一つ紹介したいのは「だれもが受益者」という考えです。その分かりやすい解説書である『財政から読みとく日本社会』（井手英策著、岩波ジュニア新書、2017年）によると、日本の財政の特徴は、「①小

さくて信用されない政府、②かたよった社会保障、③公共投資が大好きな日本、④農業に関心をうしなった国民、⑤教育への投資が少ない、⑥税金は安いのに痛みは大きい、⑦融通がきかない予算」の7つだといいます。このなかの「⑥税金は安いのに……」の部分では、日本の国民負担率が高くないと指摘されています。したがって生活保障システムをしっかりしたものにするためには財源が必要で、そのために税収を増やさないとだめだといわれています。増税の必要性という点では先ほどの「不公平税制の是正による38兆円の財源」も同じです。

「だれもが受益者」論の筆者、井手英策先生は「富裕層への重課と低所得層への給付を結びつける再分配を否定」されていません。また、高額所得者に重い負担をかけ、中所得者には手厚い給付をする、という考えも否定していません。ただ、法人税や高所得者への増税は現実性が乏しいといいます。高額納税者は税をたくさん取られるのに、サービス（受益）を受けるときは所得制限などで制約されているという不満があり、したがって増税が難しいといいます。

そこで井手先生は、税率をある程度均一にし、受益での所得制限を外せば痛税感が軽くなるのではないかといいます。

図8-8がそのモデル図です。AさんとBさんがいます。両者に同じ20%を課税します。二人からの税収440万円を財源にして、二人に定額の現物給付（例えば、無償の義務教育など）200万円ずつを給付したとします。すると最終的生活水準はAさんが360万円、Bさんが1800万円となり、格差は10倍から5倍に縮まります。

「だれもが受益者」論は、北欧での普遍的サービス、日本の無償の義務教育をイメージすればいいと思います。「だれもが受益者」論では、高額所得者はこれまで税金は取られる一方でしたが、これからはもらえる分（受益）ができ、増税への抵抗感が和らぐと述べています。

この井手先生の理論に対して、梅原英治先生（大阪経済大学）が「消

図 8-8　税の負担とサービスの受益の関係

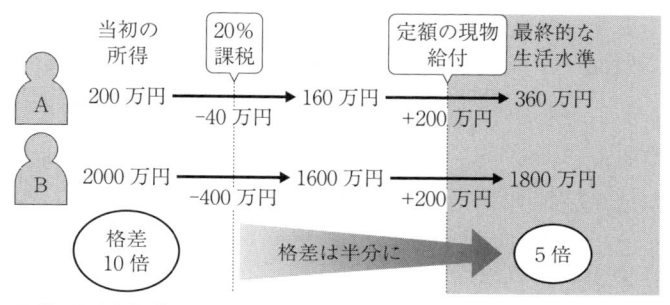

出所：井手英策『財政から読みとく日本社会』岩波ジュニア新書、2017 年 3 月、209ページ。

費税で格差を縮小できるのか」と題する論文で反論されています。梅原先生によると、「だれもが受益者」論は消費税増税を前提にしていること、また消費率が所得階層で異なることを考慮していないことを指摘しています。そのうえで「だれもが受益者」[*3]は格差を拡大すると結論されています。

---

## ここでのまとめ

◇財政の役割・機能には「資源の最適配分と人権保障機能」「所得再分配と格差是正機能」「経済安定成長と持続可能性」「権力＝体制維持機能」の 4 つがある。日本は財政による格差縮小の効果が他の先進国に比べると小さい。

◇国と自治体との財政関係は、租税の割合は 6：4、歳出の割合は4：6 と逆転している。それだけでなく、財源移転の過程で国は地方に対してさまざまなコントロールを行っている。

---

3　梅原英治「消費税で格差を縮小できるのか」大阪経大論集、第 68 巻第 4 号、2017 年 11 月、197 ページ以下。論文の名前でウェブサイトから検索できます。梅原先生は、「だれもが受益者」論を「定率課税・定額給付による事後的再分配」「井手モデル」と定義しています。

◇OECD 加盟の先進 7 カ国の政府支出の大きさを見ると日本はすでに小さな政府である。

◇「入るを量り、出ずるを制す」を財政運営を基本にする自治体があるが、そもそも財政の原理は「出ずるを量り、入るを制す」のである。

◇日本は国民負担率が低く、どのような財源を確保するかが課題となっている。不公平税制の是正や「だれもが受益者」論などの考えがある。

**理解しよう。調べてみよう**
◇ここでの問題提起を意識して、自治体財政や日本の財政制度に関するテレビ・新聞などの報道にふれてみよう。

# 財政数値との向き合い方

　財政に向き合うとき、どういう心がけが必要なのか、以下のように考えています。

　財政は数字の羅列です。面白くもおかしくもありません。予算書や決算書には数字と単語ばかりが書かれていて、あとは空白です。実にもったいない紙の使い方だと思いますが、肝心なことは、書かれた数字は住民生活や地域の実態、行政の姿を映しているということです。その姿が数値となって表われているということです。だから数字のすき間からそれらを読み取ることが必要です。ひょっとしたら財政数値のウラで住民が苦しみ泣いているかもしれません。だから私たちには、財政を数字として読むのではなく、住民の暮らしを読み取る力量と感性が求められます。**財政は行政の鏡**であるといわれるのはそのためです。その姿が見えるかどうかが財政分析の出発点です。

　これは財政数値だけでなく行政の評価でも同じです。大阪府守口市で図書館に関するシンポジウムがありました。その場で長年公共図書館に携わってきた塩見昇大阪教育大学名誉教授が記念講演で以下のようにいわれました。

　「人口1人当たりの図書貸出数を貸出密度という。これは図書館行政の基本指標である。貸出密度は、公共図書館と市民との身近なつながり、図書館への信頼度、親しみやすさを表す。図書館が暮らしに組み

込まれていることのバロメーターになる」。

　塩見先生は、貸出密度という図書館行政での数値を通してその地域の公共図書館行政の水準を読み取っておられるわけです。数字の持つ意味を読み取る感覚を磨くことが大切なのだと私は受け止めました。

## 市バス無料化に6億円の支出

　私たちは財政指標、例えば経常収支比率とか財政力指数とかで財政が良いとか悪いとかを評価しがちです。しかしもっと視野を広げて、さまざまなデータで総合的に、また数字に表れない定性的なことも含めて評価することも大切なことです。

　私は大阪府高槻市（人口35万人）に住んでいます。大阪市と京都市との中間にあって、広域的交通環境が良好な都市です。しかし、それだけでなく市域内交通も発達していて、中規模都市には珍しく公営企業の市営バスを持っています。府内で市バスを持っているのは大阪市と高槻市だけです。市の説明では市街化区域の84％以上をカバーしていて、文字通り網の目のように走っています。停留所は300〜500メートルおきに設けられています。

　市民は70歳になると無料乗車証が交付され、その経費として市が一般会計から6億円（普通会計規模1060億円。他に障害者分として9000万円）を支出しています。廃止せよという市会議員もいますが、市は「市バスに乗って出かけよう」のスローガンで市民に利用を呼びかけています。

　もっと重要なのは、市みずからがこの6億円の財政負担の有効性を調査して、それを確認したことです。2015年に「高齢者無料乗車証制度の利用実態」調査を行い、市バスが高齢者の社会参加の支援や介護予防などでさまざまな効果を果たしていることを検証しました。また、今後の施策展開の基礎資料にしようとしています。調査の結果、無料

表終 - 1　大阪府高槻市営バス高齢者無料乗車証利用による効果

| 効　　果 | | 計算方法 | 結　　果 |
|---|---|---|---|
| 利用者へ の 効 果 | 社会参加 効　　果 | 無料乗車証の利用による外出機会効果への寄与 | 外出頻度の増分＝1.3 日／週 |
| | 健康増進 効　　果 | 無料乗車証の利用による健康増進への寄与 | 歩行数の増分＝869 歩／日 |
| 社会的な 効　　果 | 経済効果 | 無料乗車証の利用による消費額増大への寄与 | ①平均消費額＝3,080 円／回 ②経済効果＝32 億円／年 |
| | 環境負荷 低減効果 | 無料乗車証の利用が自動車利用を低減させることによる環境負荷低減への寄与 | 環境負荷低減効果 　＝806 トン－$CO_2$／年 |

出所：高槻市『市営バス高齢者無料乗車証制度についての利用実態等アンケート調査報告書』、
　　　2016 年 3 月を基に筆者作成。

　乗車証制度には、①社会参加効果、②健康増進効果、③経済効果、④環境負荷低減効果の 4 つの効果があると結論づけました（**表終 - 1**）。

## 市バスの 4 つの効果

　まず、社会参加効果です。高齢者は週に 1.9 日外出していますが、無料乗車証があることによって外出機会が 1.3 日分増加しているとしています。とくに買い物、通院、趣味・娯楽などに利用されています。

　健康増進効果では、無料乗車証利用者は利用しない人に比べ歩行数が 1 日あたり 869 歩多いことが分かりました。この傾向は年齢が高い高齢者ほど大きく、90 歳以上では 1250 歩多くなっています。

　経済効果では、無料乗車証利用者は 1 回の利用につき平均 3080 円を消費しています。これに利用日数、利用者数、外出機会の増加割合などを考慮すると、年間の直接効果額（第一次間接波及効果と第二次間接波及効果を除く）が 32 億円になると算出しました。

　最後に環境負荷低減効果では、「無料乗車証の制度がない場合の交通行動の変容（自動車の利用など）」を算出したところ、無料乗車証によ

って自動車利用者が1.1万人減少し、その結果、年間806トンの二酸化炭素の削減になると算出しました。ある市会議員の話では、スギの木1本が吸収する二酸化炭素を14キログラムとすると、5万7571本分に相当するそうです。

　調査では、以上の4つを効果としていますが、それ以外にも次のような効果があると私は考えています。

　高槻市バスは、市民が居住する地域（市街化区域）のほとんどを運行しているのに加え、無料乗車証制度によって、少なくとも高槻市では経済的理由による交通弱者は作りだされていないことになります。また、高槻駅周辺を見ると市バスでやってきたと思われる高齢者が「ウロウロ」（私もその一人）し、それぞれの暮らしを楽しみ、まちの雰囲気を変え、賑わいをつくり出しています。高齢者が多いまちは老いて見えるのではなく、反対に何となく元気に見えます。高槻市では介護保険利用者は全体として少なく、保険料も府内で最低となっています。これが無料乗車証による効果かどうかは分かりませんが、少なくとも高齢者に対する6億円の一般会計負担はそれを上回る効果を上げているように思います。

　このように自治体の財政支出の有効性は、単一の効果や指標だけで判断するのでなく、複合的・相乗的効果によって立証されるものと考えています。

## 行政水準・財政水準を評価する難しさ

　繰り返しになりますが、私たちは財政の評価や効果を個別指標で量りがちです。それが有効であることは否定できません。本書でも、さまざまな財政用語、財政指標を解説してきました。しかし、それだけで自治体の行政水準や財政の良し悪しを正しく判断することはできません。

　行政が長らく財政分析のマニュアルとしてきた『財政分析——市町村財政効率化の指針』（初版は 1969 年発行。編者は自治省財政局指導課）には財政分析の着眼点として、財政収支の均衡、財政構造の弾力性、財政運営の効率性・公正性、長期的安定性の配慮など 10 項目が列挙され、その一つに「行政水準の確保・向上」があげられていました。ここでいう行政水準の意味は、「自治体の住民への各種サービスの提供度合い」であり、「行政目的（住民福祉の増進）に対する行政活動の対応率」であり、「行政需要に対する行政供給の充足率」のことだと説明されています。要するに、財政支出が住民生活にどの程度便益を与えているかということともいえます。明瞭な説明ですが、そうはいっても便益を数値化・計量化することはそう簡単ではありません。

　行財政水準を把握するためにはどんな指標をどのように評価するのかがポイントになります。先に紹介した事例でいうと、図書館行政は貸出密度で量っていましたし、高槻市バス高齢者無料制度の例では、社会参加、健康増進、経済、環境負荷低減の 4 つの効果で総合的に証明していました。これまた繰り返しになりますが、行政効果を、単一個別ではなく総合的に定量的・定性的に調査分析することが大切です。どの指標が評価基準として最適かは、その分野の専門家に聞いてください。

## あとがき

　昨年（2018年）秋のことでした。ある住民運動の幹部の方から自治体財政について問い合わせがありました。簡単な内容で、すぐにお答えしたのですが、その際、その方が「こんな簡単なこと、今さら人前で聞けないことなのでね」と言われました。運動団体の幹部ならではの悩みだなあ、と感心しましたが、こういう方にこそ財政をもっと知ってほしいし、読んでもらえる本を書こうと決意を新たにしました。「今から学ぶ」「今さら聞けない」というみなさまを対象に書きました。

　はしがきにも書きましたように、私は10年前に『そもそもがわかる自治体の財政』を発刊していただきました。再三の新版執筆のお誘いにも、なかなかその気になりませんでした。

　そんな折り、『住民と自治』誌に「まちの財政を身近なものに！」の執筆しないかとの依頼があり、2017年4月号から2018年3月号に連載していただきました。これがきっかけで、重い腰が少しずつ上がり始め、ついに私から「書かせてください」とお願いすることになりました。昨年夏のことでした。自治体研究所からのお誘いを断ったのですから、いっても「ムダかな、ダメかな」と案じていましたが、「お許し」があり、ようやくスタートすることとなりました。

　本書は、自治体財政の初歩的な解説書です。もし分からないことがありましたら、遠慮なくお問い合わせください。次のところにメールを送ってください。ちょっと時間をいただければお返事します。
　　　メールアドレス　y-htmr@wonder.ocn.ne.jp

　最後に、本書の出版に当たって、自治体研究社にはたいへんお世話になりました。お礼申し上げます。

# 付録　決算カードの各数値の関連

> 決算カードの数値は無関係に並んでいるようにみえます。
> しかし、よくみるとお互いに関連しているものが少なくありません。
> その関係が分かると、決算カードに何となく親しみがわき、財政分析への意欲が大きくなるかもしれません。

標準財政規模Ⓝ
= 普通交付税Ⓐ＋臨時財政対策債発行可能額（実発行額Ⓒ＋未発行額）＋標準税収入額等Ⓜ

臨財債未発行額
= 標準財政規模Ⓝ－（普通交付税Ⓐ＋臨財債実発行額Ⓒ＋標準税収入額等Ⓜ）

普通交付税Ⓐ
= 基準財政需要額Ⓛ－基準財政収入額Ⓚ（錯誤分を調整）「Ⓐ＞Ⓛ－Ⓚ」の場合……Ⓐ－（Ⓛ－Ⓚ）が合併算定替による増加額

合併算定替に伴う増加額
≒ 普通交付税額Ⓐ－（基準財政需要額Ⓛ－基準財政収入額Ⓚ）

財政力指数Ⓞ
= 直近3年分の $\dfrac{\text{基準財政収入額Ⓚ}}{\text{基準財政需要額Ⓛ}}$ の平均値

経常収支比率Ⓖ
$$= \dfrac{\text{経常経費充当一般財源等計Ⓕ}}{\text{経常一般財源等Ⓓ＋（臨時財政対策債発行額Ⓒ＋減収補塡債（特例分）Ⓑ）}}$$
経常収支比率Ⓗは上記算式の分母のうち（Ⓒ＋Ⓑ）を除いた数値。Ⓓのみ」で計算した比率

公債費負担比率Ⓠ ＝ $\dfrac{\text{公債費充当一般財源等Ⓔ}}{\text{歳入一般財源等Ⓘ}}$

留保財源 ＝ 標準税収入額等Ⓜ－基準財政収入額Ⓚ

| 平成２６年度 決算状況 | 人口 | ２２年国調 | 357,359 人 | 区 分 | 住民基本台帳人口 | うち日 |
|---|---|---|---|---|---|---|
| | | １７年国調 | 351,826 人 | 27. 1. 1 | 355,515 人 | 352, |
| | | 増減率 | 1.6 ％ | 26. 1. 1 | 356,388 人 | 353, |
| | 面積 | 面 積 | 105.29 km² | 増 減 率 | -0.2 ％ | |
| | | 人口密度 | 3,394 人 | | | |

## 歳　入　の　状　況　（単位千円・％）

| 区　　分 | 決算額 | 構成比 | 経常一般財源等 | 構成比 |
|---|---|---|---|---|
| 地　　方　　税 | 49,838,287 | 43.8 | 45,943,883 | 73.0 |
| 地　方　譲　与　税 | 569,518 | 0.5 | 569,518 | 0.9 |
| 利　子　割　交　付　金 | 212,330 | 0.2 | 212,330 | 0.3 |
| 配　当　割　交　付　金 | 573,406 | 0.5 | 573,406 | 0.9 |
| 株式等譲渡所得割交付金 | 302,185 | 0.3 | 302,185 | 0.5 |
| 地方消費税交付金 | 3,696,683 | 3.3 | 3,696,683 | 5.9 |
| ゴルフ場利用税交付金 | 52,248 | 0.0 | 52,248 | 0.1 |
| 特別地方消費税交付金 | | | | |
| 自動車取得税交付金 | 139,680 | 0.1 | 139,680 | 0.2 |
| 軽油引取税交付金 | | | | |
| 地　方　特　例　交　付　金 | 245,271 | 0.2 | 245,271 | 0.4 |
| 地　方　交　付　税 | 11,217,943 | 9.9 | 10,719,539 | 17.0 |
| （内訳）普　通　交　付　税 (A) | 10,719,539 | 9.4 | 10,719,539 | 17.0 |
| 特　別　交　付　税 | 498,401 | 0.4 | | |
| 震災復興特別交付税 | 3 | 0.0 | | |
| （　一　般　財　源　計　） | 66,847,551 | 58.8 | 62,454,743 | 99.3 |
| 交　通　安　全　対　策　交　付　金 | 50,135 | 0.0 | 50,135 | 0.1 |
| 分　担　金　・　負　担　金 | 1,506,926 | 1.3 | | |
| 使　　用　　料 | 1,996,702 | 1.8 | 386,368 | 0.6 |
| 手　　数　　料 | 693,465 | 0.6 | | |
| 国　　庫　　支　　出　　金 | 22,673,116 | 19.9 | | |
| 特別区財政調整交付金 | | | | |
| 都　道　府　県　支　出　金 | 6,753,773 | 5.9 | | |
| 財　　産　　収　　入 | 226,517 | 0.2 | | |
| 寄　　　附　　　金 | 78,339 | 0.1 | | |
| 繰　　　入　　　金 | 2,128,359 | 1.9 | | |
| 繰　　　越　　　金 | 1,006,118 | 0.9 | | |
| 諸　　　収　　　入 | 1,485,323 | 1.3 | 7,958 | 0.0 |
| 地　　　　　　方　　　　　　債 | 8,267,400 | 7.3 | | |
| うち減収補塡債（特例分） (B) | | | | |
| うち臨時財政対策債 (C) | 3,000,000 | 2.6 | | |
| 歳　　入　　合　　計 | 113,713,724 | 100.0 | (D) 62,899,204 | 100.0 |

## 市　町　村　税　の　状　況

| 区　　分 | 収入済 |
|---|---|
| 普　　通　　税 | 44,845 |
| 法　定　普　通　税 | 44,845 |
| 市　町　村　民　税 | 23,825 |
| （内訳）個　人　均　等　割 | 568 |
| 所　　得　　割 | 19,378 |
| 法　人　均　等　割 | 789 |
| 法　人　税　割 | 3,088 |
| 固　定　資　産　税 | 18,934 |
| うち純固定資産税 | 18,686 |
| 軽　自　動　車　税 | 289 |
| 市町村たばこ税 | 1,795 |
| 鉱　　産　　税 | |
| 特別土地保有税 | |
| 法　定　外　普　通　税 | |
| 目　　的　　税 | 4,992 |
| 法　定　目　的　税 | 4,992 |
| （内訳）入　　湯　　税 | 8 |
| 事　業　所　税 | 1,089 |
| 都　市　計　画　税 | 3,894 |
| 水利地益税等 | |
| 法　定　外　目　的　税 | |
| 旧　法　に　よ　る　税 | |
| 合　　　　　計 | 49,838 |

## 性　質　別　歳　出　の　状　況　（単位千円・％）

| 区　　分 | 決算額 | 構成比 | 充当一般財源等 | 経常経費充当一般財源等 | 経常収支比率 |
|---|---|---|---|---|---|
| 人　　件　　費 | 19,614,247 | 17.5 | 18,087,707 | 17,929,410 | 27.2 |
| うち職員給 | 12,601,297 | 11.3 | 11,393,415 | | |
| 扶　　助　　費 | 31,894,201 | 28.5 | 10,055,547 | 10,052,496 | 15.3 |
| 公　　債　　費 | 7,215,011 | 6.4 | (E) 7,161,262 | 7,161,257 | 10.9 |
| （内訳）元利償還金 元金 | 6,702,835 | 6.0 | 6,667,955 | 6,667,950 | 10.1 |
| 利子 | 510,686 | 0.5 | 491,817 | 491,817 | 0.7 |
| 一時借入金利子 | 1,490 | 0.0 | 1,490 | 1,490 | 0.0 |
| （　義　務　的　経　費　計　） | 58,723,459 | 52.4 | 35,304,516 | 35,143,163 | 53.3 |
| 物　　件　　費 | 14,952,922 | 13.4 | 12,146,960 | 11,336,741 | 17.2 |
| 維　持　補　修　費 | 1,744,014 | 1.6 | 1,744,014 | 1,700,184 | 2.6 |
| 補　　助　　費　　等 | 4,467,367 | 4.0 | 3,972,749 | 2,771,021 | 4.2 |
| うち一部事務組合負担金 | 21,863 | | 21,863 | 20,000 | |
| 繰　　　出　　　金 | 15,477,138 | 13.8 | 12,890,417 | 10,859,422 | 16.5 |
| 積　　　立　　　金 | 1,384,147 | 1.2 | 291,826 | | |
| 投資・出資金・貸付金 | 692,553 | 0.6 | | | |
| 前年度繰上充用金 | | | | | |
| 投　資　的　経　費 | 14,531,082 | 13.0 | 3,589,631 | | |
| うち人件費 | 431,924 | 0.4 | 431,924 | | |
| （内訳）普通建設事業費 | 14,531,082 | 13.0 | 3,589,631 | | |
| うち補助 | 8,677,967 | 7.8 | 1,135,101 | | |
| うち単独 | 5,727,887 | 5.1 | 2,329,302 | | |
| 災害復旧事業費 | | | | | |
| 失業対策事業費 | | | | | |
| 歳　　出　　合　　計 | 111,972,682 | 100.0 | 69,940,113 | | |

経常経費充当一般財源等計 (F) 61,810,531 千円

経常収支比率 (G) 93.8 ％ （(H) 98.3 ％）（減収補塡債（特例分）及び臨時財政対策債除く）

歳　入　一　般　財　源　等 (I) 71,635,789 千円

| 目 | 区　　分 |
|---|---|
| 議会 | 会 |
| 総務 | 務 |
| 民生 | 生 |
| 衛生 | 生 |
| 労働 | 働 |
| 農林水産業 | |
| 商工 | |
| 土木 | 木 |
| 消防 | 防 |
| 教育 | 育 |
| 災害復旧 | 復旧 |
| 公債 | 債 |
| 諸支出 | 支出 |
| 前年度繰上充用 | |
| 歳出 | |
| 公営事業等への繰出 | |
| 上水 | |
| 下水 | |
| 工業用水 | |
| 国民健康 | |
| その他 | |

(注)　1.　普通建設事業費のうち補助事業費には、受託事業費を含む。　補助事業費には、国庫補助負担金を伴う補助事業費のうち当該補助負担金などの単独事業費を含む。
　　　2.　東京都の特別区における基準財政需要額等は、特別区財政調整交付金の算出に要した値であり、ほかは、前年度の基準財政収入額等により算出している。
　　　3.　産業構造の比率は、分母を就業人口総数とし、平成22年国勢調査では分類不能の産業を含んでいる。
　　　4.　住民基本台帳人口については、住民基本台帳関係法令の改正経過に配慮し、平成25年度は、調査月日の翌日である1月1日現在の住民基本台帳人口を記載。
　　　5.　面積については、調査年度の10月1日現在の市区町村、都道府県、全国の状況をとりまとめた「全国都道府県市区町村別面積調」（国土地理院）による。
　　　6.　個人情報保護の観点から、対象となる職員数が1人又は2人の場合の、「給料月額（百円）」及び「一人当たり平均給料月額（百円）」を「アスタリスク（＊）」としている。（その他、数値

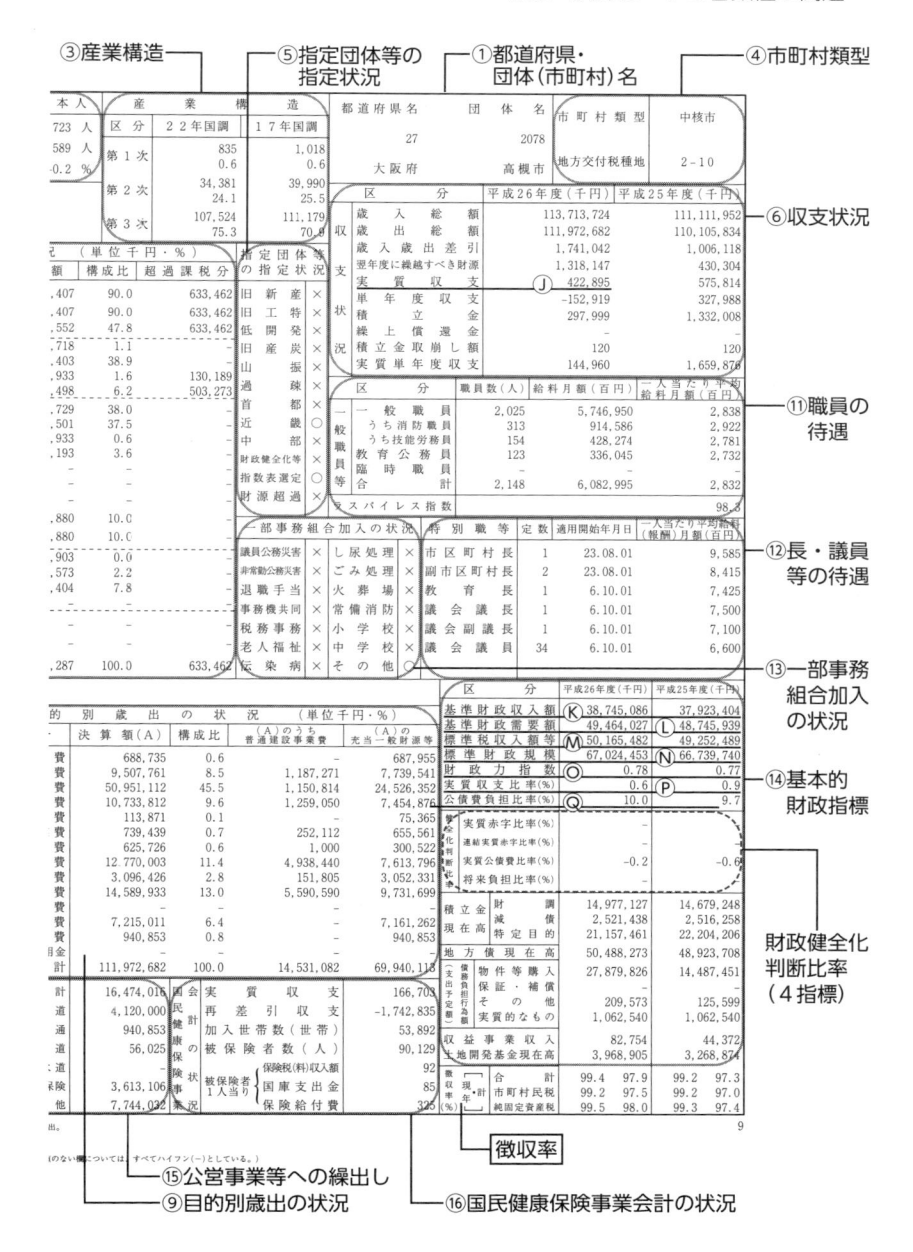

③産業構造　⑤指定団体等の指定状況　①都道府県・団体（市町村）名　④市町村類型
⑥収支状況
⑪職員の待遇
⑫長・議員等の待遇
⑬一部事務組合加入の状況
⑭基本的財政指標
財政健全化判断比率（4指標）
徴収率
⑮公営事業等への繰出し
⑨目的別歳出の状況
⑯国民健康保険事業会計の状況

## 著者紹介

初村 尤而（はつむら ゆうじ）

1944 年大阪市生まれ

大阪市役所（財政局 浪速区役所）勤務を経て、現在、都市行政コンサルタント、一般社団法人大阪自治体問題研究所会員・「おおさかの住民と自治」編集委員。在野の調査マンとして、大阪府、奈良県、京都府などの市町村財政を住民や議員と行う。

### [主な著書]

単著 『そもそもがわかる自治体の財政』自治体研究社、2009 年

『図説 市民とすすめる自治体財政再建』自治体研究社、2007 年

『政令指定都市・中核市と合併』自治体研究社、2003 年

『図説 地方財政危機の読みかた』自治体研究社、1999 年

編著 『財政健全化法は自治体を再建するか』自治体研究社、2008 年

『新版 資料と解説 合併財政シミュレーションの読み方つくり方』
自治体研究社、2003 年

共著 『大都市における自治の課題と自治体間連携』自治体研究社、2014 年

『道州制と府県』自治体研究社、2007 年

### [まちの財政分析（住民がつくった財政調査に協力したもの）]

『名張市のこれから 市民とともに考える』日本共産党名張市議団、2017 年

『守口市民財政白書』守口・財政を学ぶ会、2016 年

『市民のために 市民がつくった 大和郡山市 財政白書』
郡山市民のための市政をつくる会、2012 年

『わがまち高槻市のお財布事情』高槻市財政を分析する市民の会、2011 年

## 新版 そもそもがわかる自治体の財政

2009 年 8 月 1 日　初版第一刷発行
2011 年 9 月 15 日　増補版第一刷発行
2019 年 4 月 30 日　新版第一刷発行

著 者　初村尤而

発行者　長平 弘

発行所　㈱自治体研究社

〒162-8512 新宿区矢来町 123 矢来ビル 4F
電話：03・3235・5941／FAX：03・3235・5933
http://www.jichiken.jp/
E-mail：info@jichiken.jp

ISBN978-4-88037-693-6 C0033

印刷・製本：モリモト印刷株式会社
DTP：赤塚 修